DISCOVERY

让青少年着迷的科普书
彩图珍藏版

世界未解之谜

杨春 ◎ 编著

吉林出版集团股份有限公司·全国百佳图书出版单位

图书在版编目(CIP)数据

世界未解之谜/杨春编著.--长春:吉林出版集团股份有限公司,2013.12(2021.12重印)
(奥妙科普系列丛书)
ISBN 978-7-5534-3915-0

Ⅰ.①世… Ⅱ.①杨… Ⅲ.①科学知识—青年读物②科学知识—少年读物 Ⅳ.①Z228.2

中国版本图书馆CIP数据核字(2013)第317296号

SHIJIE WEIJIE ZHI MI
世界未解之谜

编　　著：杨　春
责任编辑：孙　婷
封面设计：晴晨工作室
版式设计：晴晨工作室
出　　版：吉林出版集团股份有限公司
发　　行：吉林出版集团青少年书刊发行有限公司
地　　址：长春市福祉大路5788号
邮政编码：130021
电　　话：0431-81629800
印　　刷：永清县晔盛亚胶印有限公司
版　　次：2014年3月第1版
印　　次：2021年12月第5次印刷
开　　本：710mm×1000mm　1/16
印　　张：12
字　　数：176千字
书　　号：ISBN 978-7-5534-3915-0
定　　价：45.00元

版权所有　翻印必究

前言

古往今来，在我们这个美丽而神秘的地球上出现过多少令人费解、不可思议的神秘现象！当人类步入21世纪时，面临的未解之谜越来越多，也越来越纷繁复杂。那些我们已熟知的种种谜团还没有得到破解，新的难题又接踵而至了。那些曾经叱咤风云的人物，为何总有种种疑团困扰着他们？那些曾经主导历史的巨人为什么死得莫名其妙？那些历史上的重大事件真的如史书所记载的那样？人类灿烂的文明又有哪些不为人知的内幕？或许凭我们现有的资料和科技水平，一时还无法解答如此众多的谜团，又或许这些未解之谜永远没有真相大白的那一天，即使这样，我们还是对这些未解之谜充满了好奇。

目录

第一章　名人传奇人生之谜

002 / "上帝之鞭"是何人
006 / 马可·波罗是否来过中国
009 / 如有神助的圣女贞德
014 / 达·芬奇是全才吗
018 / 伊凡雷帝杀自己的亲生儿子了吗
023 / 伊丽莎白为何选择独身
026 / 真正的莎士比亚
030 / "铁面人"是谁
034 / 亚历山大一世怎么即位的

第二章　名人死亡真相之谜

040 / 苏格拉底死于何因
043 / 凯撒遇刺的谜团
046 / 莫扎特究竟为何而死
050 / 汉密尔顿死亡真相
054 / 拿破仑英年早逝之谜

058 / 华盛顿缘何而死

062 / 梵·高自杀之谜

065 / 甘地遇刺的真相

068 / 毕加索是死于纵欲吗

071 / 川端康成为何自杀

074 / 玛丽莲·梦露神秘死亡

077 / 希特勒死后的谜团

079 / 戴安娜王妃离奇的死因

082 / 突然离世的迈克尔·杰克逊

086 / 加加林死因探秘

第三章　历史问题不解之谜

090 / 是谁策划的"9·11"事件

095 / "水门事件"背后的阴谋

099 / 亚述人为什么喜欢发动战争

103 / 居鲁士称霸中东之谜

109 / 埃及唯一女法老的秘密

113 / 亚历山大陵墓有何秘密

117 / 世界十大神秘物品

122 / 沙皇的"诅咒"

124 / 可怕的"法老咒语"

127 / 巴基斯坦的木乃伊

130 / 泰坦尼克号为何沉没

134 / 偷袭珍珠港是美国的阴谋吗

目录

138 / 阿波罗登月是真实的吗
142 / 原子弹神秘消失之谜

第四章　人类文明进程之谜

148 / 神秘的伏尼契手稿
150 / 神秘消失的哈拉帕文明
152 / 苏美尔文明起源自哪里
155 / "编筐文化"消亡之谜
157 / 古埃及木乃伊制作揭秘
160 / 人类是否起源于东非
163 / 诺亚方舟真的存在吗
167 / 罗马城真是一天建成的吗
169 / 奥林匹克运动怎么形成的
173 / 迷雾重重的玛雅文明
178 / 亚历山大灯塔的秘密
181 / 古印度——消失的文明
184 / 日本妄图吞并朝鲜之谜

第一章
名人传奇人生之谜

生活中,大多数的人都过着平淡无奇的生活,但也有的人一生过得轰轰烈烈,这些人在波澜壮阔的一生中留下许多可歌可泣的事迹,让后人去品味。但他们风光的背后有没有什么不为人知的秘密呢?这些名人背后的故事有的可以通过史料判断出来,但有些故事注定是千古之谜……

Part1 第一章

"上帝之鞭"是何人

> 狂扫欧亚大陆的匈奴部落曾经出现过一个杰出的皇帝，他就是有"上帝之鞭"之称的阿提拉。

匈奴帝国的铁蹄在阿提拉的统领下踏遍欧洲每一个角落，强大的罗马帝国甘拜下风，强势的日耳曼风光不再，昔日的欧洲人听闻阿提拉的名字也会闻风丧胆，于是他与他的军队便有了"上帝之鞭"的称号。

最后一任匈奴王

阿提拉出生于公元406年，他的人生道路并不平坦，12岁便被作为人质送到罗马。在罗马，他受到了当时最好的教育，难得的是，他在回国时，把他所受到的教育都带回了祖国，不仅使匈奴人学到了先进的文化，同时也提升了自己在国内及周边的影响力。在作为人质的几年里，阿提拉虽然衣食无忧，整日生活在上流的社会，但他从小就是一个志向远大的人，所以他一刻也没有忘记自己作为人质的屈辱，他试图逃离这种生活，但在罗马严密的监视下，他的计划一再失败。经过种种打击之后，逐渐成熟的阿提拉意识到如果将来能打下一片天地，让匈奴帝国不再受罗马帝国的欺压，都离不开先进

◆ 纽约自然历史博物馆中的阿提拉蜡像

的知识与政治。悟出这个道理之后，阿提拉开始潜心研究罗马的政治与文化，这为他日后称霸欧洲奠定了坚实的基础。

❖ 拜占庭古金币

公元434年，在国内影响力日渐强大的阿提拉和布莱达开始联合统治匈奴，匈奴也进入了快速发展的时期。首先败在匈奴铁蹄下的是罗马的附属国拜占庭，并被迫与匈奴签署了议和条约。之后，匈奴人调转马头又开始攻打波斯帝国，但这次没有攻打拜占庭那么顺利，在亚美尼亚波斯帝国大胜匈奴，匈奴不得不放弃征服波斯帝国的错误计划。

公元443年，阿提拉又把注意力放在了拜占庭帝国，他以东罗马撕毁之前的条约为借口，和布莱达一起对拜占庭展开正面进攻，最终迫使狄奥多西二世签订了一份条件更苛刻的条约。

公元445年，阿提拉再也不满足分治统治的现状，他密谋杀害了布莱达，整个匈奴帝国都控制在他一个人的手中。当上匈奴王不久的阿提拉开始策划第三次攻打拜占庭。虽然拜占庭的新城墙挡住了匈奴人的铁蹄，但作为"和平"条件，两国的契约又进行了大幅度的修改。

退出罗马城之谜

公元5世纪中叶，罗马帝国与日耳曼帝国在欧洲大陆正在展开一场旷日持久的大战。几十年的战争，大大消耗了罗马帝国的国力，特别是西罗马帝国，国力已经大不如前。而此时的匈

❖ 匈奴王阿提拉

世界未解之谜

奴帝国,国力却在不断崛起,并依靠南征北战掠夺的战利品迅速进入了鼎盛时期。这时的匈奴帝国不仅幅员辽阔,而且兵精将广,远非罗马帝国所能比肩。面对匈奴帝国的不断威胁,罗马帝国也只能俯首而别无其他办法。

阿提拉是一个颇具野心的政治人物,罗马帝国的俯首远远满足不了他的胃口,他又将目光瞄向了高卢地区。为了尽快征服这个大块头,阿提拉做了充分的准备,他先是征兵强大自己的军事力量,然后又寻找出战的借口。战争终于在公元451年9月20日爆发了,双方都投入了主力部队,交战第一天就进入了焦灼状态。这场惊心动魄的战役就是著

> **知识小链接**
>
> 匈奴族是世界著名的游牧民族。他们居无定所,不善农耕,常年在马背上生活。欧亚大陆北部广袤的草原是他们的故乡。他们自公元370年侵入欧洲东南部,在70余年间以旋风般的速度劫掠了几乎整个欧洲,并建立起一个庞大的军事政权。

❖ 沙隆之战

名的沙隆之战，两国共投入了 100 万兵力，其中有 16 万多人在这次战役中失去了生命，可见此次战役有多么惨烈。此次战役也是匈奴由强盛走向衰亡的转折点。

此次战役最终以罗马和西哥特联军的胜利画上了句号，而西哥特国王也在这场战役中战死。阿提拉战败后，集中军队又杀向了罗马。

罗马很快就败给了匈奴军队，但阿提拉没有再攻打罗马，面对昔日的仇人，为什么他会轻易放过呢？这个谜团现在还没一个公认的答案。

经历沙隆之战，匈奴帝国国力大不如前，而且阿提拉也在这场战争中负伤。公元 453 年的一天，阿提拉为自己举办了一个盛况空前的结婚仪式，阿提拉在婚礼上喝得酩酊大醉。第二天，人们发现了倒在血泊中的阿提拉，医生诊断阿提拉死于血管爆裂。至此，阿提拉结束了自己东征西战的一生。

Part1 第一章

马可·波罗是否来过中国

> 西方人最早了解东方神圣的中国是由《马可·波罗游记》开始的，书中所描绘出的极度文明的中国，在西方人眼里，就是一片乐土。

时至今日，《马可·波罗游记》的作者及书中所讲的内容却广受质疑，这部书究竟是作者的亲身经历还是他道听途说的杜撰，成为一个解不开的谜。

1254年，在意大利的威尼斯小城内诞生了一个婴儿，他就是日后被中国人广为熟知的马可·波罗。他出身于一个商人之家，其父亲专门从事东西方贸易，所以经常在国外到处奔走。

在马可·波罗17岁时，他有机会同父亲和叔父一起游历东方，他们沿着古老的丝绸之路，历经4年的艰难险阻于1275年来到蒙古国都上都，受到了急于了解欧洲的忽必烈的接见。随后的17年里，马可·波罗以元朝客卿的身份在朝中担任官职，因办事认真仔细而受重用。为了了解中国的风土民情以及更好地为朝廷服务，马可·波罗还学会了蒙古语和汉语，他不仅行走于中国各地，而且还经常奉忽必烈之命出使外国公干，东南亚的泰国、越南、印度都曾经留下他的足迹。马可·波罗每到一处，都会详细了解当地的风土人情、特产资源、地理特点，回来向忽必烈详细禀报。

❖ 马可·波罗

1292年，马可·波罗和父亲一起，以护送蒙古公主到波斯的机会，用了3年时间回到自己的故乡威尼斯。回国时他带走大量的东方珍宝，成为一个名副其实的富翁。但他的游历过程却不被人们信服，于是很多人就说他是一个善于撒谎的大骗子。

回国不久的马可·波罗就卷入了威尼斯对热那亚的一场战争，马可·波罗不幸被俘。就是在狱中，他认识了比萨文学家鲁斯，鲁斯将马可·波罗的口述，整理编写了一部游记——《马可·波罗游记》，又称《东方见闻》。这本书一经问世，就受到西方人的追捧，被翻译成几个国家的版本，成为畅销一时的著作。时至今日，《马可·波罗游记》已经翻译了多达60种的版本，成为当之无愧的世界奇书。

翻开书中的第二卷，这里对中国描写得最为详细，从元朝的战争到朝仪，甚至连中国城市的繁荣景象都描绘得细致入微，让人仿佛身临其境。中国对于欧洲来说如同一张白纸，欧洲人充满了好奇。《马可·波罗游记》激发了欧洲人的东方情结，难怪会有人如此评价：是马可·波罗描绘了欧洲人心中的亚洲。

《马可·波罗游记》中的描写不能说不精彩，但是人们却从来没有放弃过对这本名著的质疑，因为一些学者在总结大量资料后发现，书中出现了很多疑点。

疑点一：茶和书法是当时中国特色文化产物之一，并且当时的中国妇女已经开始有裹脚的习俗，对于这些鲜明的中国元素，《马可·波罗游记》里却只字未提。这太让人匪夷所思了。

疑点二：《马可·波罗游记》中列举的地方

> **知识小链接**
>
> 《马可·波罗游记》在中世纪时期的欧洲被认为是神话，被当作"天方夜谭"。但这本书却大大丰富了欧洲人的地理知识，打破了宗教的谬论和传统的"天圆地方"说；同时《马可·波罗游记》对15世纪欧洲的航海事业起到了巨大的推动作用。

▼ 马可·波罗

资料很笼统，和中国记录的丰富多彩的民间生活大相径庭，特别是对皇室家族描写更是相当混乱。书中提到的一些城市距离，有些非常精确，有些却相差万里之遥，让人看了十分迷惑。

《马可·波罗游记》插图（14世纪描画）

疑点三：中国元代的官僚体系虽然庞大，但涉及官员的大小事项都会有专人负责记录存档，上至朝中一品大员，下至地方县吏都有记录。马可·波罗作为朝中重要的官员，为什么中国的历史资料里却从来没见过他的名字？同时期为官的欧洲人都有记载却为何没有马可·波罗的名字？这不能不令人生疑。

疑点四：在《马可·波罗游记》中出现的中国地名，不少都用了波斯语的称谓，特别是南方一些地区，更是漏洞百出。

对于质疑，一些欧洲学者却提出不同的观点。他们认为书中描写的大量资料确实是中国的，如果他没有来过中国不可能描述得那么准确。

如果要怀疑的话，只能是代笔的鲁斯出了问题，当时的文学家都喜欢用夸张、想象的描写，所以才出现了很多漏洞。

现如今的威尼斯

Part1 第一章

如有神助的圣女贞德

英法战争期间，英军在欧洲大陆取得了压倒性的胜利。就在法军大势已去的时候，一位勇敢的姑娘站了出来，并带领法军扭转了败局，她就是贞德。

事后，人们对贞德充满了好奇，以至于民间传说她是神派来的，这是怎么回事呢？

1412年，贞德在法国香槟省的多雷米小镇降生。她的父母都是土生土长的农民，贞德从小就是一个聪明善良的姑娘，所以全村的人都很喜欢她。长大一些的时候，勤劳的贞德学会了缝纫、纺织等手艺。

虽然贞德的家境并不富裕，她却度过了一个幸福的童年，但这一切的美好随着英法两国的战争而结束，英国企图推翻法国国王查理六世，两国陷入了长期的战争。随着两国国王的相继去世，英国伯福公爵继续率领英军与法军作战。法军先是节节败退，继而丢失了几个大的城市。当时的法国新国王查理七世还未加冕，他见大势已去，所以只顾饮酒解愁，毫无扭转败局的魄力。

此时的贞德只有14岁，据说她突然得到神的召唤。起初，她听到一个声音在她面前说话，渐渐地她看到面前有

◆ 圣女贞德

一团奇异的光芒，后来声音越来越多，她能分辨出这些人都是神灵。这些神灵引导她完成一项艰巨的任务，那就是带领法国人民保家卫国、抗击英军。

当时，法军已经被英军打得溃不成军，眼看整个法国就要沦陷。

◆ 贞德与法国骑士们

据说，神灵的声音又在贞德耳边响起，要她立即投身保卫家园的战斗中去。贞德和神灵对话说："我是一个少女，连剑都拿不起来，怎么指挥法军？"那个声音对她说："你放心去做吧，相信天主会在身边护佑你。"于是，贞德前往战场求见巴林古将军。

第一次见到巴林古将军时，巴林古丝毫没有把这个瘦弱的小姑娘放在眼里。贞德于是预言法军将会迎来一场败仗。结果巴林古大败而归，他这才对贞德刮目相看，并立即派手下护送贞德去觐见国王。

国王起初也不大相信贞德，他混入群臣之中，想试试贞德，没想到贞德一眼便认出了国王，并说出了只有国王一人知道的秘密，查理七世这才相信贞德是天主派来保佑法国的使者。

◆ 贞德雕像

贞德请求国王派给她一支军队去解奥尔良之围。可是贞德的要求遭到许多大臣的反对，他们怀疑贞德只是一个神经有些不正常的普通女人，并且找到几个有名的牧师审查贞德。经过20多天的审查，牧师们认为贞德的话是真实可信的。国王和大臣们这才放心地把一支军队交由贞德指挥。为了此次出征，贞德专门制作了两面特殊的旗帜，一面写着"耶稣、马利亚"两个天神的名字，另一面旗帜上画着圣父的画像。

贞德带领大军于1429年4月27日从波罗依出发，用了两天时间就赶到奥尔良。让人大感意外的是，英军很快就被打败，主力部队撤出了法国。贞德也在此次战斗中负了箭伤，而这一切贞德都事先预言过，现在全都一一应验了。

通往莱斯的门户重新回到法国人的手中，查理七世听从了贞德的建议，来到莱斯举行加冕仪式。

❖ 贞德画像

查理七世在1429年举行了盛大的加冕仪式。加冕时，他特意让贞德站在自己的身旁，贞德举着法国军旗站在查理七世旁边，显得庄严而肃穆。

1430年5月，英国军队卷土重来，公比爱城被围，贞德再次受命带领军队前去增援。5月23日，双方展开激烈的交锋，法国在此战中大败，贞德只得带领少数士兵退回城内。不料城门吊桥已被拆去，贞德被英军所俘。

得知贞德被俘，忘恩负义的法国国王查理七世并不着急，更没有派援军去解救。由于当时战场上有不杀俘虏的惯例，所以英军以贞德施用巫术为名要处死贞德。

圣诞节前两天贞德被押到路洪，关押在一间小木屋里，四肢被铁链锁着，由几名士兵看守。1431年，英国找到一名法国神学家柯松，让他主持即将在里昂举行的对贞德的宗教审判。审讯开始时，几个法官轮番盘问，试图从精神上击垮贞德，不想这个没上过一天学的姑娘用凌厉的语言把几个法官反驳得哑口无言。

知识小链接

天主教是基督宗教的三大宗派之一，其正式名称为"罗马天主教会"或"罗马公教会"，即由罗马教宗领导的教会。

贞德拒不承认自己犯了罪，悔罪一说更无从谈起，她一再强调自己是由天主派来拯救法国的，引导她战斗的是上天的神灵。最后，法官还是判处贞德有罪，以宗教的极刑——火刑来处罚她。

1431年5月30日，贞德被押至里昂的一处火刑场，当时闻讯而来的民众数以万计，当这个瘦弱的女孩渐渐被大火吞没时，周围的人听到贞德一直在呼唤着耶稣的名字。贞德一边喊着耶稣一边离开了人世。大火灭时，人们看到一具烧成炭黑色的尸体。贞德死后，关于她的死有了许多离奇的说法。

❖ 查理七世

一名在场的英国士兵说，他亲眼看到贞德死亡时，一对雪白的鸽子从大火中飞了出来，直冲云霄。也有一部分人不相信大火能烧死贞德，他们声称在熊熊大火中隐隐约约看到"耶稣"的名字。据此，很多人都相信贞德并没有被烧死，而依然活在人们身边。二十多年后，贞德的母亲和兄弟要求宗教组织重新审查贞德的案件。1456年，天主教下辖的委员会对贞德一案重新审查，审查结果是贞德无罪，所谓的异教徒的罪名是无中生有的。直到1920年5月16日，天主教才宣布贞德是圣女。

❖ 耶稣油画

此后有人在巴黎一家药店发现了一个奇怪的陶罐，说它奇怪是因为罐身上有一段铭文：

◆ 贞德被俘

"此罐的遗骸发现于奥尔良圣女贞德火刑柱下。"大家都推断这是贞德的骨灰无疑，天主教会将此视为圣物，将这个陶罐存放在图尔大主教辖区的一家博物馆内。也有人说，贞德的骨灰早就洒进塞纳河了，博物馆的贞德骨灰肯定是假的。还有人说，贞德是天上的使者，她在帮助查理七世登上王位后就回到了天堂。

直到现在，人们对于一个目不识丁的小女孩能指挥大军打仗，帮助国王加冕还感到不可思议，到底是什么神奇的力量在驱使她完成这一切看似不可能完成的任务的？人们至今无法知晓答案。

◆ 战斗中的贞德

第一章 名人传奇人生之谜

世界未解之谜

Part1 第一章

达·芬奇是全才吗

听到达·芬奇这个名字，或许大多数人第一反应会想到《蒙娜丽莎》和《最后的晚餐》。没错，他是意大利文艺复兴时期著名的画家，但实际上他是一个天才，他所涉足的领域在当时乃至现在某些学科都具有划时代的意义。

可是，研究他的著作是一件非常困难的事，因为他的手稿都是左手写的，加上时间太久，笔迹不仅模糊不清，甚至有的纸张已经损坏。围绕在达·芬奇身上的谜团也就成为困扰世人的难题。

少有的奇才

达·芬奇是意大利文艺复兴时期的杰出代表，甚至是影响欧洲画坛的领军人物。他的画作《蒙娜丽莎》和《最后的晚餐》都是当之无愧的瑰宝。就是这样一个画家，同时又是一个文艺理论家、哲学家、诗人、音乐家、机械工程师、建筑学家。众多的头衔无不昭示着他是一位旷世奇才。

达·芬奇是一名无神论者，他坚信科学，厌恶宗教。他当时所做的实验，为以后的哥白尼、伽利略、开普

◆《蒙娜丽莎》

❖ 《最后的晚餐》

勒、牛顿等各领域的领军人物指明了道路。

达·芬奇研究的领域延伸到各个领域，成为世界上少有的多领域发展的学者。遗憾的是，他的手稿和著作大都没有发表，直到他逝世多年以后才陆续被人发现和重视。著名学者丹皮尔对达·芬奇的评价是："如果他当初的著作得以发表，当时的科学技术会跳过一个世纪。"

我们都知道，飞机是由莱特兄弟发明的，但是很少有人知道，达·芬奇才是开创人类飞行的先导者。

达·芬奇由佛罗伦萨回到米兰时展开了大胆的设想。1483~1486年的三年里，达·芬奇绘制出一架飞行器的设计图。这架飞行器是木质结构，周身覆有帆布等材料。飞行器的翅膀是一对大型的类似翼龙的膜状翅膀，这对翅膀的展翼宽达11米。达·芬奇会为这个原始的飞行器提供什么动力呢？达·芬奇设想的是当操作员坐进这个飞行器的时候，要通过不停地踩动一个动力滑轮来驱动翅膀不停地扇动，以使这个"大鸟"能飞起来。

虽然达·芬奇的设计方案很巧妙，机械设计也很精密，但实际上这是一架飞不起来的飞

> **知识小链接**
>
> 列奥纳多·达·芬奇（1452—1519），意大利文艺复兴三杰之一，也是整个欧洲文艺复兴时期最完美的代表。他是一位思想深邃、学识渊博、多才多艺的画家、寓言家、雕塑家、发明家、哲学家、音乐家、医学家、生物学家、地理学家、建筑工程师和军事工程师。

行器，因为达·芬奇没有考虑到人身提供的动力远远无法驱使这么庞大的机器，所以这个设计只停留在设计稿上，没有付诸实施。达·芬奇的这个设计不能说不出色，但出色的只是他的思想和设计，虽然他的设计最终没能成为现实，但是直到现在，人们还把达·芬奇的设计当作现代直升机的鼻祖，因为他的设计中首次提到了直升机的工作原理。

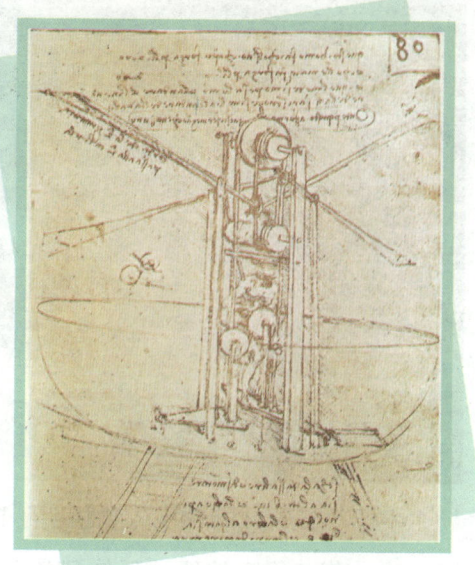
❖ 达·芬奇的军事设计

人体解剖

欧洲文艺复兴时，欧洲大陆的人们还被宗教的教义所迷惑，当时的人们对自己的身体组织了解甚少。为了研究人体器官，达·芬奇竟偷来几十具死尸用来解剖。达·芬奇对工作是极其认真的，他不仅对人体各个器官组织进行了分解，而且还绘制在手稿上并做了详细的说明，但他这种行为却遭到了众人的非议。

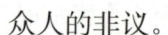
❖ 达·芬奇生理解剖图

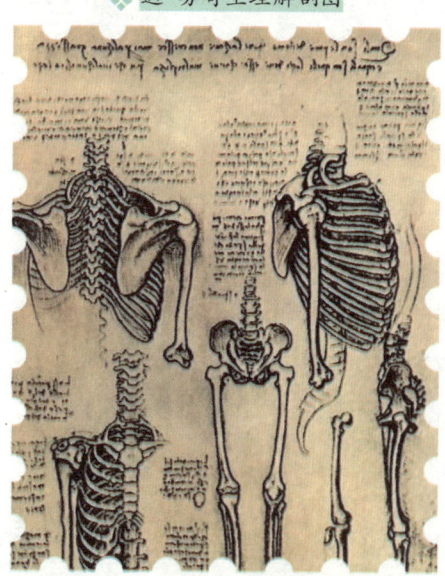

面对非议，达·芬奇没有退缩，反而更坚定了他的信心。经过多次解剖实验之后，他认为血液在人体中起到新陈代谢的作用，血液通过流动，不仅把营养输送到各个器官，而且把身体中的废物带走。但事实上，达·芬奇从来没有接触过人体学，人体循环系统工作原理在当时还是空白的。

在随后的解剖实验中，达·芬奇进一步发现了心脏是由4个腔组成的，并画出了最早的心脏瓣膜图。根据这个结果，达·芬奇甚至自行设计了一套心脏修复手术。2005年，一名英国医生利用他的这一技术做心脏修复手术，居然获得成功，这不能不令人称奇。

除此之外，达·芬奇还绘制过挖河机、潜水器、起重机、温度计等发明设计图。正如学者丹皮尔所说，达·芬奇长达7000多页的手稿影响了日后的科学研究，他的设计发明可以推动人类文明前进100多年，所以他的手稿又被称为真正意义上的"科学技术百科全书"。

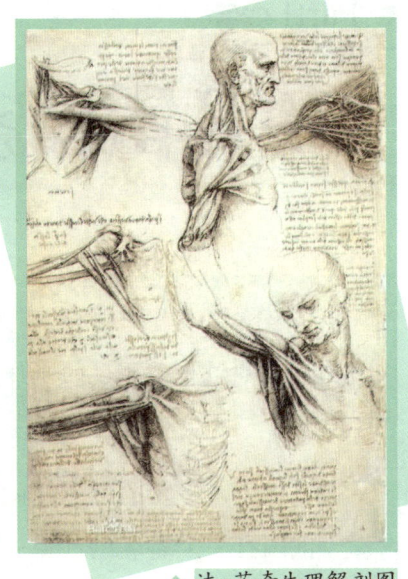

❖ 达·芬奇生理解剖图

❖ 达·芬奇的军事设计

Part1 第一章

伊凡雷帝杀自己的亲生儿子了吗

> 皇室给外人的印象是高贵、富裕。纵观世界各国的皇室，都曾经为了权力出现过血雨腥风的事件。

为了权力，皇室的父子之间、兄弟之间时常会发生反目成仇的情况。在俄国有一个著名的沙皇——伊凡雷帝，在他统治期间，皇室就发生过一起惨绝人寰的事件，他亲手杀了自己的儿子。几百年后，人们还对这一事件充满了好奇。

冷酷中长大

伊凡雷帝开创了俄国第一代沙皇统治。他出生于1530年，3岁时就世袭了莫斯科大公的爵位，被称作伊凡四世。由于还未成人，所以由他的母亲叶莲娜摄政。

叶莲娜重用宠臣，她独断专横的做法遭到了众多人的非议，以致突然暴毙，死因至今不明，权力又回到宫廷贵族的手中。宫廷经过这么大的动荡，皇亲国戚们只顾争权夺势，年幼的伊凡四世失去了亲情的庇护。伊凡的童年就是在宫廷的黑暗斗争中度过的。

叶莲娜死后，把持朝政的是伊凡的叔

❖ 伊凡四世

> **知识小链接**
>
> 沙皇是1546~1917年俄罗斯帝国皇帝的称呼。第一位沙皇是伊凡四世，最后一位沙皇是尼古拉二世。1721年彼得大帝改名皇帝，但直到1917年为止，俄国的统治者一直都被称为沙皇。

叔伊斯基一家，他们经常假借伊凡的名义发号施令。一颗复仇的种子就此被埋在年幼的伊凡心中。在这种险恶狡诈的环境中，伊凡养成了冷酷无情的性格，一些小动物经常无辜地惨死在他的手里。13岁时，伊凡借机下手处死了自己的叔叔，皇权这才重新回到他的手中。

1547年，宫廷里的贵族势力拥戴17岁的伊凡四世亲理朝政。在举行加冕仪式时，伊凡四世下令将"大公"称号改为"沙皇"，并立志要将俄国打造成一个欧洲强国。

后继有人

伊凡亲政后不久，就开始策划削弱贵族势力，以便加强皇权的统治。他首先建立了缙绅会议制度，取代贵族杜马辅佐沙皇；收缴大贵族拥有的领地，并将抗拒的大贵族流放到边境地区；他又重新制定了兵役法，按贵族大小无条件为国家提供武装骑兵。此外，他还加大了对农民的控制，不准农民迁徙，大大加深了对底层人民的压迫。

自1565年起，伊凡四世大刀阔斧地进行了制度改革，早先的封建大贵族的势力得以削弱。为了使改革能顺利推行，他建立了一支特辖军团，在全国进行恐怖活动，凡是反对伊凡的人都会受到严厉的惩处，大量贵族和平民在他的恐怖统治下丧失了性命。所以伊凡四世有了"伊凡雷帝"的称号，意为"恐怖的伊凡沙皇"。

伊凡四世强有力的改革虽然抑制了封建贵族的势力，使皇权得到进一步加强，但是他残酷和独裁的统治却引起了大贵族和普通

❖ 如今的俄罗斯国花——向日葵

人民的强烈不满。由于他生性残暴,他身边的侍卫都提心吊胆。到了晚年,伊凡雷帝的性格更加乖戾,他喜怒无常的性格更是让周围的人无不感到害怕。

为了圆自己强大沙皇俄国的梦想,伊凡雷帝指定自己的儿子小伊凡作为接班人。小伊凡从小就受到伊凡雷帝的宠爱,伊凡雷帝常常将他带在自己的身边,虽然他不信任任何人,但对自己这个儿子却言听计从。小伊凡理所当然地被大家认为是新沙皇的继位者,但出乎人们意料的是小伊凡却英年早逝。

❖ 俄罗斯的标志建筑——克里姆林宫

❖《伊凡雷帝杀子》

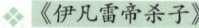

谁杀了小伊凡

对于这位皇子的死，历史上各个时期的人有着不同的说法。

❖ 俄罗斯的标志建筑——克里姆林宫

较为可信的一种说法是：伊凡雷帝开始怀疑儿子有夺取皇位之嫌，多疑的性格使他惶惶不可终日，他时刻提防着自己的亲生儿子，父子关系渐渐进入僵局。

这一天，伊凡雷帝到院中活动，突然看到小伊凡的妻子穿着一件薄裙在宫里走动。当时俄国妇女有至少穿三件衣服的命令。看到这一切，伊凡雷帝暴跳如雷，并动手打了小伊凡的妻子。这时小伊凡的妻子正怀有身孕，由于惊吓过度而流产。小伊凡得知消息火速赶了过来，看到眼前的惨景忍不住对自己的父亲发起了脾气。伊凡雷帝被激怒了，他不仅张口痛骂自己的儿子，还顺手举起手中的权杖向儿子狠狠砸去。不想铁头权杖正巧砸中小伊凡的太阳穴，小伊凡就这样稀里糊涂地死去了。

❖ 最后一位沙皇——尼古拉二世

第一章 名人传奇人生之谜

俄国著名的画家列宾曾经根据这一历史事件绘制了一幅《伊凡雷帝杀子》的油画。油画的主色调被深色调渲染得十分压抑，伊凡雷帝坐在地上，怀里紧紧抱着即将死去的儿子，一只手捂在儿子头部的伤口上，看得出伊凡雷帝想要挽留儿子的生命。不远处，一支权杖被扔在了地上。

虽然很多人都相信是伊凡雷帝在盛怒之下失手将自己的儿子打死，但俄国历史学家斯克伦尼科夫却提出了质疑。他认为虽然伊凡雷帝父子之间发生了激烈的争吵，但伊凡雷帝只用权杖在儿子身上敲了几下，并不会对小伊凡造成致命伤害，小伊凡是在失去爱妻极度悲伤的情况下导致癫痫病发作，最后病死的。论据可在伊凡雷帝于1581年11月的一封书信里找到，信中这样描述："伊凡病倒了，今天他的病情还没有好转。"因此斯克伦尼科夫推断小伊凡是死于疾病。

伊凡雷帝到底有没有亲手杀死自己的儿子？这个谜恐怕谁也解不开了。

Part1 第一章

伊丽莎白为何选择独身

英国在伊丽莎白女王的统治下，国力日趋强大，是日后"日不落帝国"建立的一个重要转折时期。

伊丽莎白女王通过各种有力措施使英国迅速成为一个经济强大、文化繁荣、军事一流的强国，可是她为什么要选择终身不嫁呢？

1533年9月7日，伊丽莎白在英国格林尼治宫降生，她的父亲是亨利八世，母亲是安娜·博林。聪慧的伊丽莎白从小就接受了最好的教育。1553年，在任的英国国王爱德华六世生命垂危，亨利八世的两个女儿玛丽和伊丽莎白成为备选的王位继承人。在两个公主谁最适合做国王的问题上，皇家贵族们展开了纷争。最后，玛丽得到更多的支持，顺利拿到了王位的继承权。

伊丽莎白并没有因为玛丽被选作王位继承人而显得过度失望，反而给予玛丽最坚定的支持，然而玛丽却无法容忍身边这位王位的竞争者，一心想除掉这个同胞姐妹。玛丽登上王位不久，就以伊丽莎白是异教徒为名加以迫害。为了缓和被动局面，伊丽莎白违心加入了天主教。1553年10月，伊丽莎白打算离开王宫，远离是非之地。可是，这时一些贵族正在发动一起废黜玛丽女王的秘

❖ 伊丽莎白的父亲——亨利八世

世界未解之谜

> **知识小链接**
>
> 伊丽莎白即位时英格兰处于内部因宗教分裂而导致的混乱状态，但她不但成功地保持了英格兰的统一，而且在经过近半个世纪的统治后，使英格兰成为欧洲最强大、最富有的国家之一。英国在北美的殖民地也在此期间开始确立。

密活动，但很快这个行动就被发现，而对此事一无所知的伊丽莎白也被牵连其中，因为她特殊的身份，不能不让玛丽怀疑。玛丽女王更对伊丽莎白怀恨在心，恨不得立即将她铲除。

玛丽女王立即下令召见伊丽莎白来伦敦，并在1554年3月15日将其囚禁于皇家监狱伦敦塔。伊丽莎白在狱中感到万念俱灰，甚至对人生产生绝望。但很快事情有了转机，那些秘密计划推翻玛丽女王的贵族们拒不承认是受伊丽莎白的指使，玛丽女王在没有证据的情况下只得下令将伊丽莎白释放，但不准她回到自己的封地，而是把她流放到一个偏远的地方。在被流放10个月后，玛丽女王才下令解除禁令，伊丽莎白重新获得自由。即便如此，玛丽对伊丽莎白的猜忌还没有打消，伊丽莎白终日生活在监视之下。而玛丽也并不好过，她既要保住王位，又要面对无子女的残酷事实，因此终日郁郁寡欢。

1558年11月17日，玛丽女王结束了自己并不幸福的一生。伊丽莎白在饱经磨难之后，终于坐上大英帝国国王的宝座。

❖ 玛丽一世

伊丽莎白登上王位后，对玛丽时期的政治进行了改革，为加强统治巩固王权，她颁布了《至尊法令》，命令英国的宗教组织要服从国王，任何势力不得干预政权。她还拒绝了西班牙国王的求婚，她所做的一切全都以英国国家利益为上，因此得到了英国各阶层的拥护。

伊丽莎白是最受英国人民认可的

杰出统治者之一，因为在她的统治下，英国的军事、文化、经济全面发展，是英国逐步走向富强的一个黄金时期，史称"伊丽莎白时代"。

❖ 伊丽莎白一世

嫁给国家的女王

伊丽莎白女王终生致力于英国国家的统一与经济繁荣，为国家做出了诸多努力，但她终身未嫁引起了诸多历史学家的猜测。

伊丽莎白在登上王位之后，一心致力于国家建设，她目睹过多起政治联姻的危害，便以各种令人匪夷所思的借口拒绝多名追求者的求婚，以至于她终身未嫁。

一个女人终身不嫁难道不会遗憾？更何况是一位身份显赫的女人？但伊丽莎白却从未提到"后悔"两字，她宁愿做一个英国人民的"公共情人"，有人形容她嫁给了英国，女王欣然接受了这个称谓。英国著名首相丘吉尔曾经这样形容伊丽莎白："她和臣民的关系是长期调情的关系。"伊丽莎白用女人独有的柔情温和地处理着国内外的种种矛盾。也正是她这种独特的处理方式，将英国治理得井井有条，而女王也受到了国民深深的爱戴，即使终身不嫁，但她并不孤单。

❖ 伊丽莎白一世

Part1 第一章

真正的莎士比亚

> 莎士比亚是一位戏剧大师,他的艺术高度无人能及,他的作品《哈姆雷特》为世人创造了一个活灵活现的悲剧人物。

莎士比亚其人

欧洲文艺复兴时期英国出现了一名伟大的作家,他就是莎士比亚,他被誉为文学史上一座丰碑。他的作品主要描写英国社会从封建社会向资本主义社会过渡的社会故事,主要宣扬的是新兴资本主义人文观。知名剧作家本·琼斯对莎士比亚的评价是:"时代的灵魂,他不属于一个时代,而属于所有的世纪。"

1616年,年仅52岁的莎士比亚在他的故乡斯特拉特福逝世。从此以后,斯特拉特福成为世界人民缅怀莎士比亚的地方。1700年,有个学识渊博的僧人来到这里,并在这里住了很长时间,他此行的目的是要弄清楚为什么莎士比亚会掌握那么多的词汇。据统计,莎士比亚戏剧里的英语单词达2万多条,据此推断,莎士比亚将是掌握英语单词词汇量最多的人。但

◆ 莎士比亚

这个僧人的走访结果却令人惊讶，因为这个小镇根本不是人们想象中的"文化小镇"，甚至连一个小小的图书馆都找不到。

❖《哈姆雷特》剧照

出生在斯特拉特福镇的莎士比亚13岁辍学，18岁结婚，终生没有接受过完整的教育，更没有出国的经历，出身低微的他不可能跟宫廷贵族有任何联系。从他的生活经历来看，他和自己作品中描写的情景没有任何重叠，但对宫廷生活出神入化的描写，如果不是亲身经历过，一个普通人又从何得知呢？而且书中大量的天文、地理、异域的词汇他又是从何学到的呢？所以，后世的人们对莎士比亚的真实性产生了怀疑，就连马克·吐温、拜伦、狄更斯这些大作家都站到了质疑者的队伍里。

莎士比亚另有其人？

1920年，英国人托马斯·卢尼研究大量资料后提出《哈姆雷特》真正的作者是德韦尔。德韦尔是牛津伯爵，宫廷生活对他来说再熟悉不过了，而且他还有出访世界多个国家的经历，最主要的是他的身世更接近于哈姆雷特。当时英国的主流社会和世袭贵族对编剧、演戏都很敌视，所

❖ 莎士比亚故居

世界未解之谜

❖ 莎士比亚

以德韦尔迫于压力才起了一个"莎士比亚"的笔名。但有人却因此提出了质疑：英国一个古老的剧团在1614年还在演出莎士比亚的戏剧；可是德韦尔1604年就已经不在人世了。支持德韦尔即莎士比亚的人却说德韦尔死前就已经创作了这些剧本，所以他死后演出这些剧本也没什么值得奇怪的。因为没有直接证据，所以德韦尔是不是真正的莎士比亚还一时难以下定论。

20世纪50年代，美国人霍夫曼提出了一个新观点并得到大多数人的认同，他指出：莎剧的真正作者是与莎士比亚同年出生的克利斯多菲·马洛。马洛曾就读于剑桥大学，是当时著名的剧作家，他曾写《汤姆兰大帝》，也

❖ 莎士比亚故居

曾在英国情报局当过情报员。1593年，马洛在执行一次任务时遭到暗杀，所幸他并没有死，后来他隐姓埋名专心创作剧本，每当完成一部作品，他都会通过堂弟将作品交给莎士比亚，以莎士比亚的名义去演出。

怀疑者在到处寻找推翻莎士比亚的证据时，支持莎士比亚就是本人的支持者也在寻找证据。英国一位收藏家阿兰·金氏在1940年的莎士比亚展览会上买到一本1510年出版的《约克和兰加斯达两家的结合》一书，在书的空白处，留有许多戏剧台词的批注，据考证，这正是莎士比亚亲笔写的批注。

20世纪70年代末，英国古籍专家罗纳德·阿西福德购买到1605年出版的《科尼利斯·达克达斯的年代记》一书，在书的尾页同样发现了莎士比亚的笔迹，旁边甚至还有他的自画像，但因缺乏足有力的证据，所以莎士比亚的真实身份还是个谜。

世界未解之谜

Part1 第一章

"铁面人"是谁

电影《铁面人》出自法国著名作家大仲马的小说《布拉热洛子爵》，电影上映之时受到了广泛的好评。

电影《铁面人》的主人公，即神秘的铁面人应该是法国国王路易十四。法国历史上有没有这样一个神秘的国王呢？伏尔泰说过："这个囚犯无疑是个重要人物。"但他话锋一转又说，"他被押送到圣马格丽特岛时，欧洲并没有什么重要人物失踪。"这种自相矛盾的说法让人疑惑不解。

伏尔泰所著《路易十四时代》一书中有这样的描写：1661年，圣马格丽特岛上的城堡里迎来一位特殊的来宾。他身材修长、举止典雅，但令人吃惊的是这个年轻人头上戴着一个铁制的面具，不论是在其押送的途中，还是在囚禁的牢内，这个铁皮头罩始终不离他的左右。这个铁皮头罩设计得很巧妙，它的下颌装有弹簧，所以即使吃饭也不用将头罩摘下。因此，他的真实面目没人知晓。

在圣马格丽特岛上关押了不久，这个年轻人又被转移到关押政治犯的位于巴黎的巴士底狱。这个年轻人到了这所监狱之后，生活待遇有了明显的改观，可以享用舒

❖ 伏尔泰

适的居住环境和可口的饭菜，穿着干净的衣服，还可弹奏心爱的乐器，并有医生定期为他检查身体。但是，他对自己的身世却一直闭口不谈，所以监护人员只知道他是一个举止优雅、谈吐幽默的年轻人而已。1703年，在这个监狱生活了大半生的铁面人去世，随后他的尸体被葬在圣保罗教区。随着他的去世，人们对这个神秘人物的身世反而更有兴趣了。伏尔泰的记述就此结束，留给人们众多的谜团。

据说18世纪的时候，法国路易十五、路易十六两任国王都曾下令调查过"铁面人"的真实身份，但最终没有任何进展。不过据称路易十六曾表示要封锁"铁面人"的秘密。

一直以来，人们对"铁面人"的身份有多种猜测，最有力的观点有以下几个：

一、"铁面人"是财政大臣富凯。1970年，法国记者阿列斯出版了一本名为《蒙面人——最后揭开的一个谜》的书，书中罗列了大量的调查材料来证明这个推断。书中提到，富凯曾是路易十四最信任的宠臣，但1661年因侵吞公款而被捕，后来被判终身监禁。富凯在1680年死于狱中，尸体被秘密处理。但阿列斯对富凯的死提出了质疑，他认为死者并非富凯，而是他的仆人。因为富凯一直戴着面具，所以没人知道他的真实面目，这样他就活了下来。据此推断，这个"铁面人"

❖ 伏尔泰

❖ 路易十四青年时期

死时应该是一个白发苍苍的老人，而这与史料记录相悖。

二、"铁面人"是意大利马基奥里伯爵。首先提出这一论断的是法国历史学家托拜恩。托拜恩曾经同巴黎国立图书馆的管理员一道查阅了当时巴士底狱的全部档案，然后他得出结论，当时的法国国王路易十四曾计划将意大利曼图亚斯公爵领地的卡赞列要塞占为己有，为此，他答应给公爵丰厚的金钱作为回报。公爵在慎重考虑之后派出特使马基奥里前去法国谈判。路易十四本想用重金贿赂马基奥里伯爵，但马基奥里伯爵却不为金钱所动，还悄悄将此事告知公爵夫人。谁知公爵夫人与路易十四关系暧昧，恼羞成怒的路易十四给马基奥里伯爵戴上面具并永远关押了起来。

◆ 路易十六

三、"铁面人"是路易十四的父亲。这种结论的提出者是根据对路易十三和路易十四父子关系的怀疑下推断出来的。根据历史资料记载，路易十三和王后安娜貌合神离，长期处于分居的境况。最后在红衣大主教黎塞留的调和下，二人才结束冷战的局面。有人推测王后和贵族多热发展成地下情人，甚至怀上他的孩子。孩子出生后，多热为了保护孩子不得不远走他乡。孩子长大后顺利登基，他就是后来的路易十四。孩子已经成为国王，多热就返回宫中，把实情透露给路易十四。国王怕丑闻暴露，又不忍心杀死亲生父亲，所以

◆ 路易十四

让匠人做了铁皮面罩给父亲戴上，让他在监狱度过余生。该说法在法国流传较广。

但这种说法也有诸多疑点，据监狱犯人记录本上的记载，"铁面人"死去时年龄只有45岁左右，而此时的路易十四已经是65岁的高龄了，显然这种说法是不成立的。

四、"铁面人"是一个叫拉雷尼的人。据称拉雷尼的叔叔帕·科齐涅是一位宫廷医生，在宫中专门为皇族看病。路易十三去世之后，他奉命解剖路易十三的尸体，却吃惊地发现死者和路易十四没有丝毫血缘关系，也就是死者非路易十四的生父。后来，帕·科齐涅将此事透露给了拉雷尼，路易十四获知消息后，为了防止丑闻外泄，就下令逮捕了拉雷尼，并给他戴上铁皮面罩，并终生关入牢中。

❖ 路易十四戎装像

这种观点也是疑点重重，原因是一个跟自己丝毫没有关系的人，为何还要在狱中给他最好的待遇？把他杀掉灭口岂不更好？

"铁面人"究竟是谁，面具后面又有怎样的故事还有待后人去考证。

❖ 路易十五

世界未解之谜

■ Part1 第一章

亚历山大一世怎么即位的

> 亚历山大是俄国历史上少有的几个有作为的国王,在他统治期间,俄国发生了巨大的变化。

他统治俄国只有25年,可是这短短的25年里,对外,他和其他欧洲国家一起打败了拿破仑的不败的神话;对内他采取温和的政策缓和了社会矛盾,巩固了专制统治,他制定的"自由农人法"极大地发展了社会生产力。可是这么一个有作为的帝王,在不少人眼里却是弑父篡位的阴谋家,事实真是如此吗?

离奇的身世

亚历山大一世的父亲是保罗一世,他的祖母是俄国有名的女沙皇叶卡捷琳娜二世。据说叶卡捷琳娜二世对自己的亲生儿子保罗一世甚为冷淡,认为他是"不该出生"的儿子,所以保罗从小没有得到应有的母爱。保罗长大成人后,母子二人的关系更加紧张,保罗将自己私生子的身世归罪于母亲,同时叶卡捷琳娜二世长期不肯退位也让保罗痛苦不堪。

1777年亚历山大出生,叶卡捷琳娜二世对这个孙子宠爱有加,她认为这个

❖ 叶卡捷琳娜二世铜像

❖ 保罗一世

孩子应该取代保罗一世而成为自己皇位的继承者。她亲自给孙子取了名字,希望他日后成为俄国伟大的帝王。她在百忙中关心着亚历山大的成长,凡是有关亚历山大的事她都亲自过问,可谓投入了全部的心血。

亚历山大渐渐长大,他逐渐意识到自己生活在一个虚伪的环境里,表面上风光无限的宫廷实际上充满了各种矛盾。亚历山大虽然没有成年,但祖母头上的王冠意味着什么他再清楚不过了,他知道王冠就是一切。所以,他虽然不喜欢祖母,但还是不得不违心地去讨她欢心,每天都会给祖母写一封信表达自己对祖母的挂念。他的聪明果然得到了叶卡捷琳娜二世的赞赏,亚历山大虚伪、善变的性格就是在这种环境中培养出来的。

晚年的叶卡捷琳娜二世对自己的儿子保罗更加厌恶和失望,于是她便决定直接将王位让禅给自己的孙子亚历山大。她差人起草了一份让位诏书,诏书宣布废除保罗的继承权,而立亚历山大为俄国新的沙皇。叶卡捷琳娜二世本打算在1796年11月24日将这个决定对外宣布,而且还向社会上放出风,孙子亚历山大是难得的治国帝王,只有他才能带领俄国走向强盛。亚历山大知

❖ 亚历山大一世

道后，立即写了两封信，一封给祖母叶卡捷琳娜二世，表示听从祖母安排；另一封信给自己的父亲，在信中称父亲为"皇帝陛下"，并安慰父亲不要听信宫中的传言。

叶卡捷琳娜二世怎么也没料到，就当事情按她的预计发展时，自己突然中风，经宫廷医生诊断，叶卡捷琳娜二世即将离开人世。听到这个消息，保罗急忙赶到母亲身边，他不是为了孝敬母亲，而是为了找到宫中盛传的"废子立孙"

❖ 保罗一世

的诏书。果然，他在女皇的梳妆台里找到了这份密诏，然后将其焚毁。1796年11月6日，叶卡捷琳娜二世病逝，保罗经过漫长的等待，终于坐上了梦寐以求的宝座。

保罗一世刚即位，就推行和叶卡捷琳娜二世背道而驰的政策，结果招致各个阶层的反对。

❖ 叶卡捷琳娜二世

形势急转

封建帝王专权统治下，如果帝王的统治得不到拥护，又长期霸占王位，那么最终将引发宫廷政变。这个悲剧在保罗一世身上不幸上演。一个以禁卫军为主谋，俄国贵族和外国使节共同组成的组织成立了。1801年3月11日，该组织进行了秘密集会，他们认为推翻保罗一世尽早动手，以防有变。当日晚上

11点，该组织的主要人物手持武器冲进保罗一世的寝宫。面对突然出现的不速之客，保罗惊恐万分，但仍以沙皇的口气质问来者想要干什么。成员之一的朱波夫脸色阴沉地说："鉴于你没有能力掌管国家，俄国上下都不愿意再承认你这个君主，现在请你在这张退位书上签字。"

保罗一世当然不肯就范，可是局势已经不是他能掌控的了。黑暗中有人用绳子套在保罗一世的脖子上，很快保罗一世就被活活勒死了。

❖ 亚历山大一世

随即，亚历山大出现在皇宫，他面对百官掩面哭泣宣布："我的父亲保罗一世于今天死于中风……我愿执行祖母叶卡捷琳娜女皇在世时的治国政策。"俄国从此进入亚历山大一世的统治时期。

❖ 亚历山大一世

保罗一世是非正常死亡已经没有异议，但亚历山大是否参加了此次谋杀保罗的行动却众说纷纭。

第一种说法是亚历山大参与了这次活动，而且还有他的弟弟君士坦丁，如果真是如此，那亚历山大一世确实是弑父夺位。

第二种说法是亚历山大已经得知有人要刺杀父亲，但他既未禀报父亲更没制止，而是静待其变。据传当时的副首相潘宁曾有意向亚历山大透露了一丝风声。照此推断，亚历山大是默许甚至纵容了这次夺位行动。

第三种说法是亚历山大虽然有着虚伪、势利的人格缺陷，但并非毫无人性之人，出于父子伦理他不可能参与谋杀父亲的行动。保罗一世虽然与母亲不和，但和自己儿子的关系一直保持得不错，况且他即位之初就指定亚历山大为日后皇位的继承人，这从法律上保证了亚历山大首席皇储地位。亚历山大当时只是一个24岁的年轻人，他完全可以耐心等待几年，而不必背上"弑君杀父""阴谋篡权"的千古恶名。换句话说，如果他想早点登上王位，只要从祖母手中拿到那份密诏就可以了。

尽管历史上一直认为亚历山大参与宫廷政变，弑父保罗一世，但是现在还没有证据能直接证明这一点。

第二章
名人死亡真相之谜

凡是名人都有所谓的名人效应，这并不是因为人人都有窥私癖，而是名人的一切向来都是聚光灯下的焦点，他们的一举一动，从出生到死亡都是人们关注的焦点。所以，名人无论正常或非正常的死亡，都会成为人们热议猜想的话题，因为有太多的人固执地认为名人的死亡事件只是冰山一角，更多的暗涌和黑暗才是他们死亡背后的真相……

世界未解之谜

Part2 第二章

苏格拉底死于何因

一个奉行民主政策的开明国家却容不下一位哲人的至理名言,虽然他很受爱戴,却被以民众投票的方式被判处死刑,这其中有什么原因?

年逾七旬的哲人,面对审判的不公,没有提出任何的反对声音,毅然接受了判决,他想用这种态度向世人表明什么呢?

身逢盛世

他是苏格拉底,被后人誉为"西方的孔子",因为他的哲学思想和孔子一样,都开创了一个文明的时代,让人从此远离愚昧。他们开创的时代都不是依靠强硬的军事力量和严厉的政治手段取得的,而是通过开明的思想,通过对人思想的洞悉和反思,来引导人们思考一种新的生活态度。

苏格拉底出生在雅典的一个中产阶级家庭,父亲是个雕刻师,母亲是助产士。他生长在希波战争胜利后,伯里克利统治的鼎盛时期。伯里克利作为雅典的执政官,带领雅典人们开创了一个最为辉煌的时期,因此人们习惯将雅典最为强盛的一个阶段称作伯里克利时代,从公元前461—公元前429年,历经了32年,在这段时期,雅典开创了古希腊的强盛时代。

▶ 苏格拉底雕像

这个时期的雅典会聚了希腊最有智慧的人，当时雅典流行自由辩论之风，这为日后西方政治社会的自由辩论奠定了基础。当时，不分派别不分地位，任何人都能参与到这种活跃的辩论舞台之上。年轻的苏格拉底也经常活跃其中，虽然他谈不上相貌堂堂，但他的谈吐充满了智慧，又富有求学热情。他异于常人的智慧对社会、人生、处世提出了哲理性思考，所以他很快成为雅典最出色的哲人。他和他的追随者柏拉图、亚里士多德的哲学思想一直影响到希腊和罗马时代。所以后人一致认为，是苏格拉底开创了希腊哲学新纪元。

可是公元前399年，已经年过70的苏格拉底拉因为一次论辩被控有罪并被处以死刑。

◆ 苏格拉底雕像

悲剧诞生

如果苏格拉底生在一个限制言论自由的专制政体下，他的死尚能理解。但他却是在一个制度开明、言论自由的政治时期被处死的，这让人感到疑惑不解。而且他的死还经过合法的审判程序，经过议会的民主投票，以278票赞成、221票反对的结果处以死刑。苏格拉底究竟提出了什么观点遭致大家的反对？苏格拉又为何从容面对死刑？为什么雅典容不下这位伟大的哲学家？这些问题困扰了一代又一代的学者，对以上问题目前有以下几种看法：

> **知识小链接**
>
> 苏格拉底（公元前469—公元前399年），古希腊著名的思想家、哲学家、教育家，他和他的学生柏拉图，和柏拉图的学生亚里士多德被并称为"古希腊三贤"，更被后人广泛认为是西方哲学的奠基者。

一是美国人斯东提出的观点，他认为苏格拉底对当时的民主体制持反对意见，而他提出的各种政见却不被当权的民主派接受。苏格拉底便以一种极端的方式来证明自己学说的正确性，他不断挑衅当权者，迫使他们采取不同的措施来应对，最后，苏格拉底更不惜以失去生命来维护正确的思想。

二是"民众迫害说"。持这种观点的人认为，大量的普通民众对部分社会精英产生了恐惧与敌视，最后民主派迫于压力而处死苏格拉底。苏格拉底的哲学思想与当时主流的民间思想是背道而驰的，这让普通而愚昧的民众很难接受，甚至让他们产生危及自身之感，所以苏格拉底的思想自然会受到民众的抵制，他在希腊的生存空间就可想而知了。

❖ 苏格拉底雕像

三是英国学者 A.E. 泰勒提出来的一种观点：雅典民主派担心希腊出现新的寡头政治，苏格拉底所持的反民主思想恰恰是催生这种寡头政治的积极因素，所以他们不得不提防苏格拉底。民主派最初只是想将苏格拉底流放到外地，但固执傲慢的苏格拉底却拒绝这一决定。无奈，民主派只得发动议会起诉苏格拉底，以"民主"的方式判处苏格拉底死刑。

❖ 苏格拉底之死

因此人们对苏格拉底的真正死因的探究一直没有停止，这是因为苏格拉底是一位非同寻常的人物，因为言论而被判处死刑的哲学家，在西方历史上他是第一人。

几千年来，以上几种不同的观点，不论从哪个角度来看，都有其成立的理由，这也是几千年来耐人寻味的事情。

Part2 第二章

凯撒遇刺的谜团

> 凯撒是葛约斯·尤利乌斯·凯撒的简称,他是古罗马时期著名的政治家、军事家,是罗马共和国末期的独裁者。

历史总是风云变幻,古罗马这位高高在上的一国之君——凯撒在位不到四年就被人刺杀。他死后的很长一段时间里,人们都在根据凯撒死时不寻常的反应来揣测他的死因,但最终结果却只能让这段历史更加扑朔迷离。

突然遇刺

凯撒生于古罗马贵族之一的尤利乌斯家族,但是在凯撒出生时,这个曾经显赫一时的家族已经没落,幸运的是凯撒还是接受了良好的教育。

公元前60年,凯撒与庞培、克拉苏结成军事同盟,历史上称之为"前三头"。但他们的同盟关系并没有维持很久,克拉苏在一次与安息的战斗中全军覆没,并在这次战役中死亡。凯撒借此良机,于公元前49年将庞培击败,一举统一了全国。为了巩固自己的权力,凯撒在全国肃清庞培余党,很快他就建立了稳固的政权。

公元前44年,凯撒如愿以偿地举行了成为古罗马的终身独裁官的仪式,但这个仪式只是掩人耳目的过场,因为当时他已经成为罗马实际的统治者。在他的独

◆ 凯撒全身塑像

第二章 名人死亡真相之谜

世界未解之谜

裁统治下，封建贵族的权力被大大削弱，中央的权力更为集中，独裁官的权力得到了巩固和加强。

由于凯撒的独裁政策影响了众多贵族的利益，因此，凯撒的政权遭到元老们的强力反对，甚至有部分人进行秘密组织，要进行推翻凯撒的暗杀行动。原庞培的部下，同时也是凯撒最信任的人——布鲁图，就是其中的一员。

▶ 凯撒雕像

布鲁图曾是罗马市民极为爱戴的一位将领，因为他秉性正直、刚正不阿，所以深受凯撒器重。刚开始，布鲁图因为凯撒对自己的恩情而并未背叛他，但暗杀组织的元老贵族们用重金利诱布鲁图，并说罗马在凯撒的统治下，一定不会长久。最终，布鲁图的意志被动摇而加入了暗杀组织。就这样，一个以罗马重臣组成的60人的暗杀集团形成了。

公元前44年3月15日，暗杀集团元老们以进行会晤的名义将凯撒骗至元老院。凯撒身穿象征权力的紫袍欣然前往，在途中他被一名壮汉拦住，壮汉声称为自己犯了罪的亲人请求赦免，但遭到凯撒的拒绝。壮汉便死死拉住凯撒，这实际上是壮汉放出的信号，此时，躲在一旁角落里的刺客们手拿利刃蜂拥而上向凯撒刺去。丝毫没有防备的凯撒由于没有携带任何防御武器，很快就倒在血泊之中。

为什么身手了得的凯撒面对刺客竟然不予以反抗呢？

有人说，当时凯撒是进行了反抗的，当他奋力抵挡刺客的时候，布鲁图也挥舞着利剑向自己刺来，凯撒大声惊呼："布鲁图，你也要背叛我吗？"说完，用袍子包裹住自己，任由刺客在身上乱砍也不再抵抗，也许凯撒不能接受自己最信任的人也背叛自己的现实，再加上

知识小链接

富有戏剧性的是，阴谋刺杀凯撒的几个人，几乎没有谁在他死后活过3年的。所有人都被判有罪，并以不同方式死于非命：一部分人死于海难，一部分人死于屋大维和其他凯撒部将随后发动的战争，有些甚至用刺杀凯撒的同一把匕首自杀。

寡不敌众，顿觉大势已去的他只好放弃抵抗。布鲁图的背叛能有如此大的影响力吗？这实在让人难以接受。

质疑的声音

对于凯撒遇刺的这段历史，人们的猜测从来没有停止过。有人指出，在凯撒接到元老们的邀请后，凯撒的眼线就已经发出了警告，这说明暗杀集团的阴谋凯撒是知道的，但他仍然只身一人应邀前去，并拒绝了护卫队的保护。他说："只有胆小鬼才会让卫队不离左右，我是凯撒大帝，绝不会做这种事。"历史上的帝王没有不珍爱自己的江山和生命的，凯撒这样做的目的，是想确定布鲁图是否真的会叛变自己，还是心灰意冷、一心求死？

◆ 凯撒雕像

有人说在出席元老会议的前一天，凯撒在用餐时还突然问了骑兵长雷必达一个奇怪的问题："怎样的死才是一种好的死法呢？"当时他身边的人提出了许多死法，有的说自然死亡最好，有的将军说最光荣的死法莫过于战死沙场。听完大家的意见，凯撒却说："我宁愿选择突然而死。"让人没有料到的是，第二天，他的选择竟然应验了。根据这段对话，有人推凯撒之前一定是得到过什么风声，既然如此，他为什么又要一人前往而不带卫队呢？即使在遭遇暗杀时也不抵抗？这让人难以理解。

还有人说当时凯撒正被癫痫病所困扰，虽然积极医治但仍不见好转。大概生性骄傲的凯撒宁愿死在暗杀者手中，也不愿接受病痛而死的现实。事实真是如此吗？这还需要人们进一步去考证。

◆ 布鲁图

第二章 名人死亡真相之谜

世界未解之谜

Part2 第二章

莫扎特究竟为何而死

> 莫扎特是奥地利著名作曲家，全名沃尔夫冈·阿玛多伊斯·莫扎特，是历史上少有的音乐大师。

莫扎特是古典音乐的杰出代表，自他出名后就被冠以"音乐神童"的美誉。这样一位罕见的音乐天才，就在他的音乐道路如日中天的时候却突然陨落，就连他创作的最后一首音乐作品《安魂曲》也没有完成，死时年仅36岁。

莫扎特还是一个6岁儿童的时候，就在父亲的带领下来到慕尼黑、维也纳和普雷斯堡做了人生第一次巡回演出。这个幼小的音乐天才获得了人们热烈的掌声。演出获得成功后，他在欧洲各地进行了为期十年的旅行演出。在演出的同时，他接触到欧洲最前沿的音乐艺术，从而影响到他日后的创作风格。他的音乐旅程虽然短暂，但他却创作了41部交响乐、42部协奏曲、22部歌剧以及大量奏鸣曲、安魂曲、宗教音乐、室内乐和歌曲等，他对欧洲音乐的发展贡献了重大力量。莫扎特才

知识小链接

莫扎特的钢琴作品非常丰富，包括18首钢琴奏鸣曲，7首钢琴三重奏，2首钢琴四重奏，27首钢琴协奏曲，35首钢琴小提琴奏鸣曲，10首双钢琴作品，15首钢琴变奏曲，以及其他钢琴小品数十首。

❖ 莫扎特

华横溢却不幸英年早逝，一颗闪烁着光芒的巨星早早陨落，这是音乐界的损失。在人们无比痛惜的同时，他的死因也困扰了一代又一代的史学家。

有人认为莫扎特的死太突然，这一定是音乐界有人嫉妒而采取的暗杀行为。欧洲曾经有崇拜莫扎特的音乐人和律师组成的200人的"莫扎特死因法庭"。

❖ 莫扎特在维也纳用过的钢琴

他们在英国布赖顿举行的一次音乐节上宣布了经过长期调查而掌握的调查结论：莫扎特死于谋杀，至于凶手有三个人最为可疑。第一位可疑者是维也纳宫廷大臣豪弗梅尔特，他的妻子是莫扎特的情人。第二位是宫廷乐师安东尼奥·萨列里，据说这个嫉妒心很强的人容不下同样是宫廷乐师的莫扎特。第三位则是莫扎特的爱徒苏斯迈尔。三人中最大的嫌疑人当数宫廷大臣豪弗梅尔特，因为就在莫扎特下葬当天，他先是杀死自己的妻子，然后自杀。

❖ 莫扎特

但是很多人不相信这个组织的推断，他们仍然相信莫扎特是死于疾病。围绕着莫扎特死于什么疾病，人们又开始了新的争论。美国医学专家简·赫希曼经过多年研究后公布：莫扎特是死于旋毛虫感染。他所持的证据是莫扎特在世时最喜欢的食物是猪排，而猪排是最容易受旋毛虫污染的。在莫扎特生活的那个时代，有很多人因为感染了旋毛虫而丧命。可是德国著名病毒学家赖因哈德·卢德维希教授却认为

047

这种说法是莫扎特死因里最荒唐的一个，而且赫希曼没有有力的证据能够支持这种说法。

美国另一名医学专家费丝·菲茨杰拉德教授则提出莫扎特死于当时正在欧洲肆虐的传染病——风湿热。她指出，莫扎特患病初期所表现的发烧头痛，继而发展成全身肿胀，呕吐不断，皮肤出现红色皮疹等都是风湿热的典型症状。

❖ 莫扎特故居

所有关于莫扎特死因的研究都出于相同的原始资料，可为什么科学家们的结论却大相径庭呢？首先原始资料是不完整的，其次有些资料是自相矛盾的，况且莫扎特死后没有做尸检，而现在医学研究中，尸检是判断死者死因的重要手段。卢德维希教授指出，莫扎特从小身体状况就不佳，经常靠吃药维持健康，病逝前几个月看病吃药就没有间断过，但是他究竟所患何病，就目前掌握的资料里找不到更多的线索。

神秘的头骨

莫扎特于1791年去世后，埋葬在维也纳圣马克公墓，对于这样一个音乐巨匠，他的墓地却显得寒酸，甚至最初的几年里，人们不知道他的墓地在什么位置。直到1855年，这个墓碑上刻有悲伤的小天使的墓地才被确认是莫扎特的墓地。说来可悲，发现这一秘密的竟然是一个掘墓者，当他发现这个秘密后还把头骨偷走。一番周折之后，这个遗失了下颌骨的头

❖ 安东尼奥·萨列里

骨被送到莫扎特国际基金会。

　　莫扎特国际基金会于 1880 年成立，是一些居住在萨尔茨堡的居民自发成立的，他们的初衷是保护莫扎特遗留下来的物品。而"莫扎特头骨"的出现更激发了众多专家研究莫扎特死因的兴趣。法国人类学家普奇在对该头骨进行了科学检测后得出大胆的推测：莫扎特应该是死于头部创伤引起的并发症。他之所以提出这个大胆的推断，是根据头骨太阳穴附近的一处骨折，这也解释了莫扎特为什么在死前一直长时间患有头痛病。

❖ 莫扎特

　　也有科学家取出头骨的 DNA 和莫扎特亲属的基因进行了对比检查，但并没有确切的检测结果。专门研究德国和奥地利名人尸骸的病理学家赫伯特·乌尔里希博士说，基金会收藏的头骨并不是莫扎特本人的，因为这个头骨的特征明显是一位女性，莫扎特死时草草下葬，他的墓地一定还在别处。按照当时奥地利的风俗，莫扎特下葬之后一段时间，坟墓会被重新掘开，然后在里面放置他人的尸骸，而莫扎特本人的尸骨一定已经四处分散。因此，现在任何关于莫扎特死因的推断都是缺少有力证据的。

❖ 莫扎特雕像

　　由此看来，莫扎特死亡之谜还一时难以解开，或许找到真正莫扎特尸骨那一天，真相才会大白于天下。

Part2 第二章
汉密尔顿死亡真相

汉密尔顿曾是美国最杰出的财政部长之一,他精通经济运行原理,用他的智慧掌控着任期内的美国经济杠杆,为美国的政治和经济的平稳运行贡献了自己的力量。

天才金融家

汉密尔顿是美国首任财政部长,当时美国刚刚独立,经济无序可言,他的上任为美国经济秩序的确立奠定了坚实的基础。而他出色的工作和成就也得到历史的肯定。华盛顿担任总统之初,美国国库空虚,等待他的只有债台高筑的烂摊子,改善美国经济的重任自然就落在了汉密尔顿的身上。如果不能尽快解决国家独立战争时期欠下的巨额债务,美联邦将会迅速瓦解。

为了尽快确立美国联邦政府的威信,汉密尔顿刚刚上任就把工作重心放在解决国家债务问题上。他凭借友人的关系,从荷兰国际银行贷款先偿还了一部分外债,然后发行国家债券解决了困

◆ 汉密尔顿

扰美国政府的经济难题。

汉密尔顿虽出身平民之家，对经济却有着过人的天赋。他不辞辛劳，努力工作，很快就为新兴的美国政府创立了稳定的金融架构，他的经济措施将美国政府和各个州连为一个整体，从而巩固了联邦政府的法律地位。在他和他的团队共同努力下，美国第一合众国银行宣告成立。该银行的成立为国家建设和政府支出提供了充足的资金来源。

❖ 汉密尔顿

开国重臣

汉密尔顿有个不光彩的童年，他是一个私生子，长大后经历过多种坎坷，他当过会计、诗人、评论家、律师，参过军，更有战场英雄、国会议员、废奴主义者、纽约银行创始人、演说家、教育家等诸多头衔。自他跟随华盛顿之后，一直担任军队高级将领，直到后来成为乔治·华盛顿最得力的助手，成为美利坚合众国的开国元勋之一。在为稳定美国经济和积累国家财富方面，没有哪个人能与汉密尔顿比肩。

在美国独立战争期间，汉密尔顿是华盛顿身边的侍从武官，曾经参加过著名的约克镇战役，为美国独立立下赫赫战功，深得华盛顿的赏识和器重。美国独立战争取得胜利之后，华盛顿无可争议地当选为美国首任总统，汉密尔顿被

> **知识小链接**
>
> 由于英国对殖民地的剥削严重阻碍了资本主义的发展，为了对抗英国的经济政策，北美人民进行了抗争。始于1775年4月的莱克星顿枪声，1776年7月4日大陆会议通过了《独立宣言》，宣告了美国的诞生。经过北美人民的艰苦抗争，终于在1783年迫使英国承认美国独立。

❖ 伊丽莎白（汉密尔顿夫人）

委任国家财政部长一职。由于他出色的经济管理才能，使美国以最快的速度实现了政治一体化、经济一体化的宏伟蓝图，为美国日后经济的飞速发展奠定了扎实的基础。同时，身为联邦党人的汉密尔顿也为美国两党的建立贡献了自己的力量。

从历史上看，汉密尔顿是一个充满戏剧性的人物。他虽然是美国重要的开国元勋，而且功勋卓著，但在政治上却不及其他竞争对手，与托马斯·杰斐逊竞争美国第三任总统时惨败。虽然他在政治上得不到拥护，但他留给美国的政治遗产却不可低估，比如他提出的"工业建国之路"和建立强有力的中央政府等提案，在美国以后的历史进程中起到不可估量的作用。他提出的一些政治理念甚至影响到以后的美国总统，像林肯、罗斯福都是汉密尔顿政治理念的支持者，他们在任期内奉行的治国政策也是基于汉密尔顿的政治遗产。

昂首离任

美国建国之初，众人就联邦的性质问题展开了激烈的争论。一些人主张将联邦政府的权力分到各个州政府，以限制联邦政府的权力过度集中，但汉密尔顿提出了反对意见，他认为应该建立一个强有力的中央政府。政见的不同催生了美国政治中共和党和联邦党。

❖ 印有亚历山大·汉密尔顿头像的美元

当时的美国人会因为一些鸡毛蒜皮的小事而拔枪决斗，因为政见不同，汉密尔顿约副总统亚伦·伯尔决斗以分胜负。决斗之日，两人同时拔枪向对方射击，但汉密尔顿故意射偏子弹，伯尔的子弹却准确地击中了汉密尔顿的要害部位。汉密尔顿在弥留之际恳请纽约特尼提教堂为自己举行一次圣餐礼，但遭到教堂主教的拒绝，原因是决斗严重违反了基督教的教义。

❖ 汉密尔顿雕像

当人们整理汉密尔顿的遗物时发现一本日记，汉密尔顿在决斗前一天的日记中写道："明天决斗时我不会朝亚伦·伯尔开枪，我已经虔诚地忏悔，并愿意与所有的人和解，包括伯尔。"

他的勇气终于让教堂退步，为其举行了隆重的仪式。

第二章 名人死亡真相之谜

哥伦比亚大学汉密尔顿大厅前的汉密尔顿雕像

世界未解之谜

Part2 第二章
拿破仑英年早逝之谜

拿破仑不仅是一位英勇善战的将军，而且是法兰西第一帝国的皇帝，他卓越的军事才能让其被世人敬仰。

> **知识小链接**
> 拿破仑一生征战于沙场，指挥了60多次战役，比历史上的军事奇才亚历山大和凯撒指挥的战役总和还要多。1821年5月5日，拿破仑在囚禁他的圣赫勒拿岛去世，享年52岁。

拿破仑·波拿巴于1769年出生在科西嘉岛的阿雅克肖城，他的家族是一个意大利贵族世家，科西嘉岛被卖给法兰西王国后，法王承认其父亲为法兰西王国贵族。在父亲卡洛·波拿巴的安排下，拿破仑10岁时就到法国布里埃纳军校接受教育。1784年拿破仑以优异的成绩毕业后，被选送到法国皇家陆军学院，专攻炮兵学。拿破仑自认是一个外国人，一心希望有一天能够让科西嘉岛从法国独立出去。拿破仑16岁时父亲去世，他以优异成绩毕业，并被授予炮兵少尉头衔。1795年他受巴黎督政官巴拉斯之托成功平定保王党武装叛乱，也就是著名的镇压保王党战役。拿破仑一夜之间荣升为陆军中将兼巴黎卫戍司令，开始在军界和政界崭露头角。

滑铁卢战役扭转了拿破仑的人生，1815年6月18

❖ 拿破仑

054

日滑铁卢战斗打响后，虽然拿破仑由制定的战斗计划找不出任何破绽由于下属的失误，拿破仑的军队在比利时受到英普联军的重挫，导致整场战争的失败。眼见大势已去，拿破仑只能失望地发出一声感叹。这次战役的失利，迫使拿破仑退位。1815年10月16日，他被流放到遥远的圣赫勒拿岛。

❖ 拿破仑视察军队

虽然经历了人生最大的挫折，但拿破仑仍没有低头，他在盼望反法同盟的瓦解，然后重返法国，像上次逃离地中海厄尔巴岛那样，重新谱写自己的宏伟蓝图。被刚流放到圣赫勒拿岛的时候，拿破仑以休假的状态享受着这宁静的时刻，一边不时地与人下棋解闷儿，一边在策划着潜逃计划。他想到一个绝妙的逃跑计划：用替身代自己服刑。虽然这个计划看似可行，但在这个孤岛上找一个替身谈何容易？时间一久，拿破仑的精神状况愈加糟糕，身体健康也一天不如一天。特别是1818年11月，盟国发表了对拿破仑无限监禁

❖ 拿破仑一世加冕

世界未解之谜

◆ 滑铁卢战役

的声明后，拿破仑的精神彻底崩溃了。

1819年以后，各种病症缠绕着拿破仑，他经常出现昏迷、呕吐、无力，连牙齿都开始脱落。拿破仑在各种病痛中苦苦挣扎了3年，于1821年5月5日永远离开了人世。

1840年12月，拿破仑的尸体被运回他热爱的法国，90万巴黎市民自发前来迎接这位昔日国王的遗体，他的遗体被葬在荣誉军人院。在拿破仑死后的190多年里，人们就他的真正死因一直争论不止。

◆ 炮兵少尉拿破仑

这位战争之神真的是被病魔夺去生命的吗？20世纪60年代，一个举世震惊的调查结果被公布：拿破仑有可能是死于谋杀，而谋害他的正是自己的侍卫官。一个名为福斯特的医生得到一根拿破仑的头发，并通过科学仪器对这根头发进行了化验。化验结果令人吃惊，拿破仑的体内竟含有大量砒霜！是什么人出于什么目的杀害了拿破仑呢？

经过对当年在孤岛守卫拿破仑的卫兵一个个进行排查，发现侍卫官蒙托利嫌疑最大。拿破仑曾经霸占过蒙托利的妻子，所以两个人有过多次冲突，因为这个原因，拿破仑非常忌恨他，并利用手中的权力取消了蒙托利的晋升资格，直至将他从军队除名。在确定跟随拿破仑到圣赫勒拿岛流放的名单时，蒙托利的名字出现其中。他是法国贵族，而且又与拿破仑素来不合，他放弃舒适的生活去过流放的生活不能不让人生疑。也许反法盟国不想让这头雄狮再度崛起，再来威胁他们的利益，如果拿破仑能在这次流放中消失，那是最佳的结果，蒙托利因此成了完成此次任务的最佳人选。

❖ 拿破仑

虽然这个猜测没被证实，但仍被人津津乐道，相信在得到真实证据后，历史真相就会大白于天下。

❖ 三皇会战

世界未解之谜

Part2 第二章

华盛顿缘何而死

> 美国是在乔治·华盛顿的带领下取得独立战争的胜利的,华盛顿并先后担任两届美国总统,在美国历史上有着举足轻重的地位。

华盛顿领导人民开创了美利坚合众国,但就是这样一位开国伟人,他的死却也迷雾重重,让人费解。

不想继续连任

乔治·华盛顿在美国总统两届任期已满时,由于极高的声誉,完全有可能再继续担任总统。但他不贪功,反而选择了急流勇退,拒绝了大家劝他继续竞选总统的好意,并于1796年3月发表了《告别词》来安抚国民,在《告别词》中,他详细阐述了对美国发展的愿景。

华盛顿这一惊人决定耐人寻味,他为何要选择退出政坛也是众说纷纭。美国向来不缺少研究历史的学者,但他们经过长期探讨和研究,仍然没有最后的定论。

一些历史学家指出,美国建国初期出现党派之争,华盛顿担心卷入这场斗争会损害国家利益,因而远离了政治中心。创国之初,美国党派之争非常激烈,甚至遭到人民的强烈不满。华盛顿觉察到选民的忧虑情绪,所以在《告别词》中也重点呼吁各党要团结协作,反对党派斗争。

❖ 华盛顿表态拒绝第三届任期时的情景

也有一些历史学家指出，舆论的攻击让华盛顿对竞选第三届美国总统产生了顾虑。英国一位历史学家一针见血地指出："华盛顿面对反对派的无端指责和谩骂感到心力交瘁，他宁愿选择安静的空间，所以断然拒绝了人们提出让他担任第三届美国总统的要求。"

❖ 乔治·华盛顿画像

在华盛顿任第二届总统期间，他受到来自反对派的指责和舆论攻击，这让他精神上受到了巨大压力。他在日记中写道："我现在把自己比作要寻找一个休息之处，并正在屈身倚伏其上的疲惫旅客。但是，指望人们能听任你安安静静地这样工作，这未免太过分了，非某些人所能忍受。"历史学家以此推测，华盛顿是在无法忍受精神压力的情况下选择退出政治舞台。

根据以上分析，上述两种意见有着密切的联系，但究竟是哪种原因才是促使华盛顿退出政坛的主要因素还不明确，抑或是华盛顿本人对权力失去了兴趣也不得而知。

突然去世

让人意想不到的是，华盛顿在退休后不到3年，竟因一场小小的风寒而突然去世。他死后，主治医生发表了公开声明，让全国人民知道他医治华盛顿的整个过程，即使如此，人们对华盛顿的暴毙仍疑心重重：华盛顿真的是因患风寒而死吗？为什么从生病到死亡只有短短两天时间？

在华盛顿去世200年之后的一个华盛顿纪念日，美国一家媒体突然向社会公布了一则惊人消息——华盛顿的真正死因是由于诊断不准、医治不当。

❖ 总统山头像

世界未解之谜

消息一经发布立刻引起轩然大波，华盛顿的真正死因再次成为人们关注的焦点。

华盛顿的夫人一直守候在丈夫身旁，她对丈夫患病期间的描述又浮现在人们眼前。

知识小链接

乔治·华盛顿是美国独立战争大陆军总司令，1789年，当选为美国第一任总统，1793年连任，在两届任期结束后，他隐退于弗农山庄园。由于他扮演了美国独立战争和建国中最重要的角色，故被尊称为美国国父。学者们则将他和亚伯拉罕·林肯、富兰克林·罗斯福并列为美国历史上最伟大的总统。

1799年12月12日，天气寒冷，风夹带着雨雪打在地上。退休在家的华盛顿不顾恶劣的天气，骑马来到家乡弗农山庄。虽然他的衣服都湿透了，但仍兴致不减在外待了几个小时。第二天，他就感冒了，虽然身体不适，但他仍徒步走到林场里看了看，给几棵准备砍伐的树木画上标记。第三天凌晨，华盛顿的病情越来越严重，发烧，呼吸困难。当时，华盛顿效仿农奴间流传的土办法，让佣人为自己放血。后来，家人请来克雷格医生，医生为华盛顿进行了放血治疗。随后，家人又用黄油、蜜糖勾兑成冲剂，让华盛顿用来漱口，结果，他每喝一口都会引发剧烈咳嗽，甚至咽喉肿胀，差点因窒息而死。12月14日上午，克雷格医生又准备了撒尔维亚干叶和醋泡成的漱口水让华盛顿使用，结果华盛顿的病情更严重了，他窒息得说不出话来，尽管服了减轻咽喉症状的酒石和甘汞，但仍没使华盛顿的病情好转。整个治疗过程中，华盛顿先后经历了四次放血疗法，放血量相当于自身血液的三分之一。到晚上10时左右，克雷格医生采用什么办法都无法挽救华盛顿的生命，这样一个伟人在痛苦中与世长辞了。

◆ 乔治·华盛顿

华盛顿是美国人心目中的英雄，是美国的精神支柱之一，所以他的死牵动着美国人的心。然而时至今日，他真正的死因仍然不明。

乔治·华盛顿

各种猜测

长期以来，多数美国人都以为华盛顿是由于重感冒而引发了扁桃体脓肿和肺部感染，但是采用放血治疗是他丧命的直接原因。

可为什么媒体的结论是华盛顿死于诊断不准、医治不当呢？

莫伦斯教授提出了新的观点并得到部分人的支持，他们认为华盛顿是因急性会厌炎而导致气管阻塞，最后窒息而死。大卫·莫伦斯是美国著名的流行病学家，他也是众多研究华盛顿死因的专家中的一员。他曾在《新英格兰医学》发表论文，论文中指出：会厌炎的典型症状是发作快、发高烧、咽喉疼痛肿胀、咽食困难、声音嘶哑甚至说不出话、烦躁不安。而华盛顿当时的症状与其相符，因此推断克雷格医生确是误诊，也可能200年前的医生还不熟悉会厌炎这种病，所以耽误了治疗。

也有一些学者提出了不同的看法，他们认为华盛顿在独立战争期间，为了应付与敌国之间的战争，整日操劳，巨大的身心压力让他心力交瘁。为此华盛顿得过一场大病，病愈后体重骤减20磅，可能在这个时期华盛顿患上某种慢性病，而感冒却,导致慢性病发作，最后华盛顿因心脏功能衰竭或心跳猝停而死亡。持上述两种观点的专家们互不相让，因此，华盛顿究竟死于何因，仍是一个解不开的谜团。

华盛顿在普林斯顿的战斗结束后

梵·高之谜

Part2 第二章

> 梵·高曾经创作过一幅著名的油画,名为《麦田上的乌鸦》,画面上有艳丽的背景和惊恐的乌鸦,用色和画面非常诡异。

《麦田上的乌鸦》是梵·高在将子弹射向自己前的最后一幅作品,他在精神崩溃前用画面描绘着自己的内心感受。

梵·高是印象派的艺术大师,对欧洲乃至世界的绘画艺术的影响力都是无法低估的。但就是这样一位杰出的艺术家,一生却穷困潦倒,在他艺术登到顶峰的时候,人生跟他开了一个重大的玩笑,梵·高在精神濒于崩溃的时候,举枪自尽了。时间是1870年7月29日,地点是巴黎郊外的奥维尔小镇。有人这么形容这次枪声:"这一枪不同寻常,响彻古今,声震寰宇,枪声中倒下了一个生命,一个让人无法想象的划时代的生命。"

爱情是神圣的,在一些人的眼中比生命还宝贵。梵·高的死就是因为无法摆脱爱情的魔咒,因失恋而导致精神上的多愁善感。最终,他选择到妓院寻欢作乐以发泄心中的感伤。失意的爱情让这个艺术巨匠自甘堕落,这或许是梵·高一生未娶的原因之一。梵·高16岁时曾在海牙一

◆ 割耳朵后的自画像

个美术商行从事一份工作,由于他对艺术的悟性很高,所以很受老板赏识和器重,一度被派往英国担任要职。在伦敦期间,他认识了房东的女儿厄休拉,并很快爱上了这个可爱的姑娘。可是厄休拉对梵·高热烈的追求却显得极为冷淡,感情的失败让梵·高备受打击。后来,梵·高又结识了一位年龄稍大于他的寡妇,并喜欢上了她,但这段爱情也很快破灭。之后,梵·高爱上了一个遭人唾弃的妓女,但这样的爱情显然得不到家人的祝福,在家人的干涉下,他们不得不分手。经历种种打击之后,梵·高搬到巴黎近郊小镇奥维尔生活。在这里,他与医生加歇的女儿玛格丽特一见钟情,但是这段爱情又遭到女方家长的强烈反对。一次次的感情挫折,让这个年轻的小伙子早早尝尽了人间的辛酸与挫折。

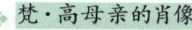

梵·高母亲的肖像

此时,梵·高和高更因为共同的语言结下深厚的友谊。在亚尔,为了欢迎即将来访的高更,梵·高画了许多向日葵,为的就是点缀高更的临时住所。但戏剧性的一幕发生了,两个有着深厚友谊的朋友,在此次见面后却成了陌生人。

梵·高之所以这么急切地盼望高更的到来,是希望与他一起创建一个画室,以推动自己印象派画风再上一个新的高度。然而,随着高更的到来,两人在艺术理念上的差异渐渐显现出来,因此两人经常发生争辩,直至吵得不可开交。一次,两人发生激烈的争吵后,

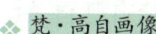

梵·高自画像

世界未解之谜

梵·高失去了理智，竟然发疯似的亲手割下自己的左耳。随后，他被送进了精神病医院。

❖ 梵·高的画——《星夜》

不可跨越的高度

梵·高出院后来到美丽的瓦兹河畔，迷人的风景给他带来许多创作灵感。他的艺术之门仿佛瞬间打开，创作达到顶峰，他以不可思议的进度——每天创作一幅画，持续了近 70 天。

《麦田上的乌鸦》是梵·高留给世人的最后一幅作品。画中成队的乌鸦在天空盘旋，强烈的色调反映出不祥之感。在他作画的那块麦田里，梵·高拔枪对准自己扣响了扳机。当梵·高挣扎着回到住所时，高更要带他去医院治疗，但被梵·高婉言拒绝了，他的理由是不想再给自己自杀的机会。

"悲伤将永恒。"梵·高留给后人的遗言让人思绪万千。

❖ 梵·高的画——麦田上的乌鸦

Part2 第二章

甘地遇刺的真相

第二章 名人死亡真相之谜

甘地，是印度民族主义运动的领袖，印度国大党的创始人之一，被印度人尊为印度的国父。

甘地，全名莫罕达斯·卡拉姆昌德·甘地，为了国家和民主付出了一生的心血，就是这样一位为印度做出巨大贡献的"圣雄"，在一次祈祷会上被一名狂热分子刺杀。这位深受人民爱戴的民族英雄为何被刺，至今仍有许多不解之处。

在甘地的领导下，印度从英国的殖民统治中解脱出来，这大大激发了其他殖民地人民的独立愿望，因此，甘地成为极端主义的攻击对象。

甘地

薛林纳的青铜雕塑《圣雄甘地》

1947年8月底，旁遮普省的12个县仍在与殖民统治者进行激烈的战争，由于甘地在加尔各答坐镇指挥，所以这里一切正常。1947年8月31日晚，一群年轻的狂热印度教徒强行闯进海达利公馆院内，要求与甘地对话。在睡梦中的甘地被嘈杂声吵醒，他起身来到院内问："你们在吵什么？我就在这里，你们想杀我吗？"话刚说完，两个满身

065

世界未解之谜

知识小链接

莫罕达斯·卡拉姆昌德·甘地（1869—1948），被印度人尊称为圣雄甘地，是印度最伟大的政治领袖，也是现代民族资产阶级政治学说——甘地主义的创始人。他创立的"非暴力"的哲学思想，影响了全世界的和平运动。

血污的人冲了过来，快速躲到甘地身后。接着，这群年轻人将手中的木棍朝甘地扔了过来。幸好甘地身材矮小，才没有被击中。闻讯赶来的警察解了甘地之围。

1948年1月20日下午，甘地按照以往惯例举行晚间祷告，突然有人把一枚炸弹扔到甘地身边，炸弹爆炸，但甘地并没有受伤，爆炸引发了慌乱，凶手被当场捉住，凶手的接应落荒而逃。

1948年1月30日本是一年一度的耶稣受难日，可是谁也没有料到，这天也成为甘地的忌日。当天下午，守时的甘地因为处理一件非常重要的公务而晚了十分钟到场。5点10分，甘地在摩奴与阿巴的搀扶下走向晚祷会场。在接近人群的时候，甘地习惯性地收回搭在随从肩上的手臂，独自一人向讲台走去，准备向群众致意。就在甘地离开随从刚向台阶走了一步时，突然有人冲到他的面前，他先是双手合十向甘地鞠躬致意，摩奴礼貌性地想把此人拦开。但意想不到的一幕发生了，这人猛地推开摩奴，迅速掏出随身携带的手枪，对着甘地的心脏连开数枪。汹涌的鲜血很快将甘地白色长袍染得通红。甘地倒下后不忘双手合十，口中念叨："神啊，宽恕他可怜的行为吧。"说完，这个伟人慢慢闭上了双眼。甘地始终倡导"非暴力"，自己却倒在暴徒的枪口之下。

据说凶手看到甘地死后并没有趁混乱逃离现场，反而举起双手高声呼叫警

❖ 莫罕达斯·卡拉姆昌德·甘地

察。凶手名叫纳图拉姆·戈德森，是一名狂热的印度教徒。他以前也是甘地的追随者，并十分崇拜甘地，而且还一度投身不合作运动，但后来参加了以复兴印度教统治地位为目标的印度教大会，参与创办了"国民公仆团"。他在公开审判大会上说，他刺杀甘地的原因是甘地对印度没有尽到父亲般的责任。

但令人费解的是，1948年1月20日甘地遇到爆炸袭击之后，警方宣布已经掌握了极端组织暗杀甘地的行动计划，也曾有人向警方举报凶手的情况。警方在获知情报的前提下为什么不派人员保护甘地，反而间接纵容极端分子成功实施暗杀计划呢？更令人不解的是，平时负责保护甘地的两名贴身侍从竟然也不在身边。这究竟是一种巧合还是有人故意安排的？此外，极端分子一直叫嚣要杀死甘地，而甘地的信徒为什么也不采取任何保护措施？这些历史之谜留在历史长河里等待人们的解答。

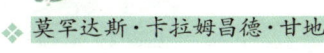
❖ 莫罕达斯·卡拉姆昌德·甘地

❖ 莫罕达斯·卡拉姆昌德·甘地

第二章 名人死亡真相之谜

世界未解之谜

Part2 第二章

毕加索是死于纵欲吗

要问20世纪最有影响力的画家是谁，恐怕很多人会提到"毕加索"这个名字。

毕加索一生创作了许多让人惊叹的绘画作品，而且他的画风随时变化，就像他身边不断变化着的女人一样。女人的温情给他了源源不断的创作灵感，但生性风流的毕加索也在女人身上消耗了过多的精力。

情人不断

毕加索的情史应该从他年轻时讲起。当时只有23岁的他认识了年轻的模特奥丽薇，然后向她展开了热烈的追求。这段感情维持了7年，当奥丽薇察觉毕加索对自己越来越冷淡时，便主动离开了他。

毕加索对奥丽薇的冷淡源于一名叫伊娃的女子，在奥丽薇离开前一年，毕加索就认识了伊娃。奥丽薇离开了，毕加索就可以毫无顾忌地向伊娃展开感情攻势。可惜的是，3年之后伊娃病逝了。

1917年，毕加索接到一份为俄罗斯芭蕾舞团设计布景的工作。在工作期间，毕加索认识了年轻的芭蕾舞女演员欧嘉·科克洛瓦，两人在1918年走入婚姻的殿堂。很快他的儿子保罗出世了，毕加索和其他父亲一样，为自己的家

◆ 毕加索

> **知识小链接**
>
> 毕加索是位多产画家。据统计，他的作品总计近 37,000 件，包括：油画 1885 幅，素描 7089 幅，版画 20,000 幅，平版画 6121 幅。他对 20 世纪的艺术史有着浓墨重彩的一笔，人们称他为"人类艺术史上罕见的天才"。

庭无私地奉献着自己的力量。此时的毕加索在绘画时带有新古典主义色彩，1923 年的《裸女》就是这个时期的典型之作。

生活趋于安定之后，平淡的生活让毕加索越来越耐不住他那颗不安分的心。这时，17 岁的玛丽·黛莉丝闯入毕加索的生活，年轻的姑娘与年逾半百的人碰撞出激烈的火花，留恋于玛丽的毕加索早已将家庭抛在脑后而无法自拔。毕加索的名画《玩球的浴女》画的就是玛丽。1935 年，玛丽与毕加索的女儿出生了，毕加索与欧嘉的婚姻也走到了尽头。

尽管年轻的玛丽给毕加索带来新鲜之感，但已经风流成性的毕加索自然不会在玛丽身边停留太长。这时，他与不到 30 岁的美丽画家朵拉·玛尔保持着情人关系。两人的地下感情维持了 8 年，直到后来两人从精神和肉体上都相互摧残对方，甚至拳脚相向，最终以朵拉被抛弃而告终。毕加索创作的名画《裸体梳妆女》就是以朵拉为原型创作的，画中把一个凶暴的妇女的形象刻画得淋漓尽致。

毕加索 62 岁时，又邂逅了 21 岁的吉罗。吉罗年轻漂亮，而且有一种其他女人没有的野性美，这让毕加索为之疯狂不已。但是没有一个女人能够拴住毕加索的心，吉罗也不例外，新鲜感一过，吉罗又像浮萍一样，随波而逝。毕加索 73 岁时，吉罗离开了他。很快杰奎琳·萝歌填补了毕加索的感情生活，她也成为毕加索的第二任妻子。当他们结婚时，

❖ 毕加索

毕加索已经是 80 岁高龄的老人，而萝歌只有 35 岁。

毕加索曾表示："无论我在失意或是高兴的时候，我总按照自己的爱好来安排一切。一位画家爱好金发女郎，由于她们和一盘水果不相协调，就硬不把她们画进他的图画，那该多别扭啊！所以我只把我所爱的东西画进我的图画。"可见女人和画已经成为他的全部。

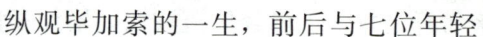
毕加索

纵观毕加索的一生，前后与七位年轻美貌的女性热恋过，当然，这七位都是有名有姓的，毕加索还曾和数不清的女人有过感情纠葛。从妓院的女人到知名的模特，她们都是毕加索的崇拜者。毕加索的身边向来不缺少年轻貌美的姑娘，而对于向自己示好的女人，毕加索也全部欣然接受，所以他的时间都用在绘画和女人身上，有人提出他是纵欲而死，也是有其道理的。

毕加索生性古怪，喜欢独居，除了绘画对其他事情都不感兴趣。毕加索的死没有确切的死亡报告，所以他的死因过多的都是人们的猜测。虽然他的私生活有违道德，但他的艺术天分是有目共睹的，他留给人们诸多精神财富去欣赏、去回味。1973 年，这位艺术大师闭上双眼，永远离开了他热爱的绘画事业。

毕加索的画——拿烟斗的男孩

Part2 第二章

川端康成为何自杀

川端康成一生创作了很多脍炙人口的文学作品，在文化界有着极高的声誉，有"日本灵魂"的美誉。

文学大师

1899年6月14日，川端康成出生于日本大阪。他是日本著名的小说家，日本新感觉派的杰出代表。川端康成有两个绰号："参加葬礼的名人"和"搬家的名人"。之所以有这样奇怪的绰号，是因为他参加过太多的葬礼，搬过太多次家。为什么这么说呢？川端康成的童年并不幸福，自幼父母双亡，紧接着祖父母和妹妹又相继去世，川端康成可谓尝尽了失去亲人的伤痛。这些创伤养成了川端康成孤独、伤感的性格。他的性格特点可以在他的作品中察觉。

川端康成一生的作品有100多部小说，此外他还涉猎于散文、诗歌、随笔、评论等文学作品。他的作品都散发着强烈的孤独感，而且情感描写非常细腻。瑞典皇家文学院常务理事、诺贝尔文学奖评选委员会主席安德斯·奥斯特林在致川端康成的授奖词中这样评价："川端先生也明确地显示出这种倾向：他忠实地立足于日本的古典文学，维护并继承了纯粹的日本传统的文学模式。在川端先生的叙事技

◆ 川端康成

世界未解之谜

巧里，可以发现一种具有纤细韵味的诗意。"

1968年，川端康成以《雪国》《古都》《千只鹤》三部代表作，获得了诺贝尔文学奖。10月17日，川端康成家的电话铃突然响起，原来是一名消息灵通的通讯社记者打来的，告诉他已经获得1968年的诺贝尔文学奖。谁知川端康成获知消息后的第一反应竟是："出大事了，我还是藏起来吧！"川端康成不习惯于喧嚣的环境，但在妻子的劝说下还是与该记者见了面。

> **知识小链接**
>
> 川端康成对于作品的文学语言要求极为严格。据说他写完一节之后，总要反复推敲琢磨，修改后往往删去大半。因此，他的文章虽然颇接近口头语言，但读来丝毫没有啰嗦之感。可谓用语简明，描写准确。

获悉消息的各路记者蜂拥赶到川端康成的家，连日里都是人影攒动的记者和不断闪烁的闪光灯，连庭院里都摆满了补光的照明灯，一时间安静的生活被打破。川端对此显得很无奈，他有一种想逃离是非之地的冲动。每当记者提问的时候，他都会不冷不淡地说："是我的运气好，我写的东西都是自己的感觉。"10月19日，瑞典驻日大使亲自来到川端康成家送来了获奖电讯和参加授奖仪式的请柬。当天，川端康成家来了众多看热闹的群众，甚至需要警察来维持治安。但这样让人激动万分的事情，反而使川端康成十分厌烦。他在登上去斯德哥尔摩的飞机之前还面带不快地说："你们随便吧，我可是不想去了。"虽然他最终还是参加了授奖仪式，但是他没有举办任何庆祝活动，而是急急赶回宾馆倒头就睡。

川端康成自认为自己是孤独的人，他发现了独特的美，但是却找不到与之分享的人，也难怪他自嘲是一个"无赖闲人"。

◆ 川端康成

川端自杀

1972年4月16日深夜，一件震惊日本乃至世界文坛的消息迅速传开，川端康成在自己的工作室自杀身亡了。

据说川端康成自杀当天,他对家人说:"我出去散散步,很快回来。"然后就独自一人走出家门,可是直到很晚还没回来。家人只好和川端康成的助手岛守敏惠一起前去寻找,结果大家来到工作室的时候,发现川端康成已经去世。他在盥洗室铺了一条棉被,口含煤气管躺在上面。川端康成死时没有留下一个字的遗书就离开了让他感觉孤独的人世。

❖ 川端康成

有人认为川端康成是受够了病痛的折磨才自杀的。他一生大部分时间都用在了写作上,直到他70多岁高龄时还每周创作不断。川端有严重的失眠症,安眠药就是他离不开的药物之一,到生命最后几年,甚至到了滥用的地步。他虽然采取了积极的治疗手段,但是失眠仍无好转,以致他在一次大剂量使用安眠药后出现严重的副作用。他是一个完美主义者,在他的生活和作品中都恪守这一人生信条。他最喜欢的一条格言是古贺春江的一句话:"再没有比死更高的艺术了。死就是生。"

❖ 川端康成诞生地纪念碑

这种观点提出来之后,立即引来不同的意见,这种意见是川端康成的死和三岛由纪夫有关联。三岛由纪夫也是死于自杀。据说,川端康成亲眼看到由纪夫的尸体后,内心受到很大刺激,他曾这样对自己的学生说:"被砍下脑袋的应该是我。"经历此次事件之后,川端康成的健康状况每况愈下。究竟是什么原因让这位日本顶级作家选择自杀而亡仍需考证。

Part2 第二章

玛丽莲·梦露神秘死亡

玛丽莲·梦露被誉为20世纪的性感女神，她那多情的眼眸、甜美的笑容让太多的人魂牵梦绕，然而年仅36岁的她却蹊跷而亡，她的死让人们产生一个又一个的谜团。

不被认可的恋情

玛丽莲·梦露是美国20世纪最著名的电影女演员之一。1960年她凭借《热情似火》获得金球奖音乐及喜剧类最佳女演员。金发、红唇和被风吹起的裙子已成为她的标志。梦露还被美国《时代》杂志评选为20世纪十大英雄偶像第二名。

1961年，时任美国总统的肯尼迪结识了年轻貌美的梦露，两人一见钟情，互致爱慕之情，很快两人便频频约会，当然，他们的约会是秘密进行的。梦露前往总统官邸的时候，总是精心打扮成一个职场女性，以防别人的注意。两人在幽会之时，有心的梦露竟从肯尼迪口中打探到一些国家机密，也许正是这个因素而导致了梦露的死亡。

> **知识小链接**
>
> 梦露陵墓附近的所有陵墓现已被拍售。一位名叫Elsie Poncher的陵墓恰巧在梦露的上方，因此引来12人的投标，其中一人出资280万美元（约1785万元人民币）。

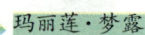
◆ 玛丽莲·梦露

确切地说，肯尼迪与梦露交往的时间并不算长，但当他获悉梦露掌握了两人亲昵时的录音时，为了自身的政治前途，毅然断绝了与她的交往。

此时的梦露已经被爱情冲昏了头脑，正在做着国家第一夫人美梦的她一时无法接受分手的事实。冲动中，她通过各种手段与肯尼迪联系，甚至扬言要将两人的情事透露给报社。如果事实公布于众将会给肯尼迪的从政道路埋下隐患，甚至会被反对党推下政坛。于是，肯尼迪请来自己的弟弟，时任司法部长的罗伯特前去处理此事。在与梦露交往的过程中，两人也擦出了火花，但是这段恋情没有维持多久，罗伯特也离开了她。然后，梦露经历了更大的打击——她被福克斯解雇了。

玛丽莲·梦露

突然身亡

梦露对这一戏剧性结果更加难以接受，但敏感的她也察觉到一丝危险。1962年8月4日，她与自己的好友西德尼·吉拉罗夫通了电话，电话中她把与肯尼迪兄弟有染的消息告知了对方，并声称自己知道一些"危险的秘密"。谁也没想这是梦露留下的最后的声音。第二天一早，她在

玛丽莲·梦露

世界未解之谜

家中的尸体被发现。

❖ 玛丽莲·梦露

警察是在接到一个匿名电话举报后赶到的，据当时尸检的法医描述："一切都是经过策划的，尸体僵硬而不自然地陈列着，那绝不是自然死亡的姿势。"文件柜中一些个人资料也不知去向。在对尸体做了进一步尸检后发现：梦露的血液中含有高浓度的巴比妥酸盐，而且还含有足以致命的水合氯醛。这种剂量足可以使3人丧生。这些药显然不是口服吞下，而是通过一次或两次静脉注射完成的。更令人感到诡异的是，梦露死后不久，她的佣人将房间打扫了一遍，不仅洗了衣服、床单，而且将房内的垃圾清理得干干净净。

梦露有一本私人日记，除了记下日常琐事外，还记下了与肯尼迪兄弟间的情事，当然包括一些"秘密"的事。据可靠消息称，美国对付古巴领导人的计划也被记录其中，当罗伯特无意中看到后大发雷霆，勒令梦露将这本日记销毁，但梦露显然没有听从。事情一旦泄露，这将会是世界上最大的一件政治丑闻，甚至可以威胁到美国国家安全。梦露显然已经不是肯尼迪兄弟眼中的"女神"，而是一个天大的麻烦。随着梦露的死，那本神秘日记也不翼而飞。梦露之死的背后到底有没有政治阴谋，现在仍是一个不解之谜。

❖ 玛丽莲·梦露

Part2 第二章

希特勒死后的谜团

1945年4月，法西斯头目、德国纳粹首领希特勒终于走到他人生的尽头，这个曾经横行欧洲，危害无数生灵的刽子手终于得到人民的审判。绝望之余，他与追随他多年的情人爱娃举行了婚礼，然后就绝望地自杀了。事实真的如此吗？

有人曾表示，希特勒的死是假象，他们认为，在苏联红军攻入柏林前，希特勒已经逃之夭夭了。他有可能乘坐飞机逃到了巴伐利亚，也有可能通过地下密道逃往其他城市。

1945年4月22日，德国纳粹高官鲍曼签署了一份秘密文件，他在文件中批示："同意迁往大洋以南。"这份文件表示鲍曼有可能已经为希特勒和那些纳粹头目建立了避难场所。这个观点也是有事实支撑的：纳粹德国高级将领最近二三十年曾经在南美洲一带出现，这是否代表希特勒也身在其中呢？20世纪50年代，有人信誓旦旦地说在世界某个角落看见一个"只留着一绺额发，瞪着一双标志性眼睛的元首"。

> **知识小链接**
>
> 希特勒是一个举世骇然的历史人物。他曾将日耳曼人带到他们从未经历过的权力和征服的巅峰，把卐字旗从挪威一直插到高加索山脉和非洲；他的纳粹精神在德意志刮起了一阵种族主义的狂飙，给世界人民带来野蛮、疯狂、残暴的深切体验。人类在牺牲了数千万条生命之后，才把这头野兽制服。

希特勒

第二章 名人死亡真相之谜

世界未解之谜

十年后，这个人的身影又出现在了南美某个国家。这些身影的背后掩藏着什么不为人知的秘密呢？

但绝大多数的人还是坚信，希特勒在苏联红军攻入柏林时自杀身亡了，他的尸体被付之一炬，之所以毁灭尸体是因为："我不想死后让俄国人把我陈列到蜡像馆去。"有关希特勒的自杀方式也是众说纷纭，有的说是服用氰化钾中毒而死，有的说是用手枪饮弹自尽，也有的说是朝太阳穴开的枪。至于希特勒尸体的去处也有多种说法，有人说尸体被葬在意大利某个地方，也有人说烧过的尸体被他的追随者带走。但参与战斗的苏联红军回忆，他们曾在希特勒的地堡外挖出了烧焦的尸体。后来人们经过仔细的尸检发现，这具尸体比希特勒多一颗牙齿。由此推断，苏联法医因为外部的压力，对外公布了假的验尸报告。如果这个推断是真实的，尸体只是一个无名小卒，那希特勒的尸体又去了哪里？

❖ 希特勒油画像

❖ 希特勒

Part2 第二章
戴安娜王妃离奇的死因

第二章 名人死亡真相之谜

1997年巴黎的一场车祸牵动了世人的心，因为死者的身份非常特殊，她就是查尔斯的妻子，英国的戴安娜王妃。

戴安娜拥有年轻漂亮的外貌和迷人的气质，心地善良的她深受英国人民的爱戴。但是她的婚姻却是不幸的，虽然她拥有至高无上的荣誉和令人羡慕的上流生活，但她与查尔斯王子的感情却是貌合神离。

对于自己的婚姻，王妃曾经万分感慨地说过："我的婚姻中，一直存在着三个人，这显得有些拥挤。"她试图通过改变自己来赢回查尔斯的心。但她发现自己的努力都是在做无用功的时候，她采取了一些不明智的手段来"惩罚"查尔斯王子。后果可想而知，这成了他们婚姻破裂的催化剂，以至于后来，除了事关两个年幼的儿子外，他们的生活已经没有任何交集。

事情发展到最后，查尔斯与戴安娜离婚了。离婚后，戴安娜结识了多迪·法耶兹并与其确立了恋爱关系。1997年8月

> **知识小链接**
>
> 1987年6月，戴安娜将她拍卖的79件服装所得的350万英镑全部捐给慈善事业。她的品行深深地感动了普通人，尤其是苦难之中的人们。1996年8月28日与查尔斯解除婚约时，戴安娜获准保留"威尔士王妃"的头衔。

❖ 戴安娜

079

31日，两人在地中海度过了一个甜蜜的假期后返回法国巴黎，记者得知消息后蜂拥而至。为了躲避记者的追堵，他们乘车飞快地疾驰在巴黎的街道上。因为车速过快，他们乘坐的车发生车祸，多迪当场死亡。戴安娜身负重伤，最终因伤势过重，医治无效死亡。

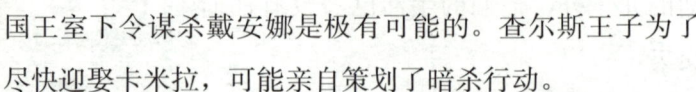
戴安娜

死因之谜

戴安娜的死讯很快登上世界各国媒体的头条新闻。巴黎警方迅速组织力量对此次事件展开调查，最初的调查结论是：戴安娜的司机保罗酒后驾车引起该交通事故。在对保罗的血样化验分析后发现，他每升血液中含有酒精1.75克，所以警方推断是司机酒后驾车引起的车祸。

但多迪·法耶兹的父亲却不同意上述观点。他认为此次事件是一次有预谋、有步骤的暗杀事件，不排除英国王室和政府参与的可能。因为戴安娜已经怀有身孕，而孩子的父亲正是多迪。为了王室的声誉，英国王室下令谋杀戴安娜是极有可能的。查尔斯王子为了尽快迎娶卡米拉，可能亲自策划了暗杀行动。

多迪的父亲还曾在英国一家知名广播频道报料称：司机保罗是英国情报机关的线人，事发当日，他接到上级的命令，严格按照规定的线路行驶。为了暗杀行动成

戴安娜

戴安娜

功，英法两国的情报机关一起制造了这场车祸。为了掩人耳目，他们对事故现场进行了伪装，让人看起来像是一起普通的车祸。

戴安娜的死像一颗重磅炸弹在世界各地引起轩然大波，而她的真正死因也吸引了众多的人去关注。英国大法官斯科特·贝克于2007年10月开始接手这起案件，着手对其真相进行调查。他询问了包括戴安娜亲友在内的240余人，并于10月底把调查结果对外界进行了公

❖ 威廉王子（左）和哈里王子（右）

布。他认为戴安戴和多迪的确是死于车祸，而罪魁祸首正是得到消息后穷追不舍的狗仔队记者，而保罗酒后驾车也是这次事故的重要原因之一。贝克后来总结说："此次事故没有证据表明英国王室和情报机构参与其中。"事实果真如此吗？还要等有力证据来揭示谜底。

Part2 第二章

突然离世的迈克尔·杰克逊

> 迈克尔·约瑟夫·杰克逊的名字恐怕无人不知无人不晓,他是一个时代的符号,是美国流行音乐的杰出代表。

2009年的一天,迈克尔·杰克逊急性心脏病发作被送往医院,虽然医生奋力抢救,仍没能挽回他的生命。迈克尔·杰克逊去世时年仅50岁,从此一颗巨星陨落,我们只能从电视上去寻找他那具有爆发力的舞蹈和感染力的歌声了。杰克逊已经去世多年了,但他的真正死因却没有一个让人信服的解释。

音乐天赋

众所周知,迈克尔·杰克逊是一个黑人。他出生在美国中部一个小城市,父母一共养育了九名子女,杰克逊在家中排行第七。他的父亲是一家铸造厂的工人,母亲在这家工厂担任收银员。由于家庭人口较多,所以杰克逊的童年生活并不富裕,但是一家人热热闹闹也是其乐融融。

小孩子总是调皮的,杰克逊也不例外,在一次跟哥哥打闹中,不小心将父亲的吉他弦弄断了。父亲没有过分批评杰克

◆ 迈克尔·杰克逊

逊，提出让他弹奏一段音乐作为"惩罚"。这次"惩罚"让父亲洞察到儿子在音乐方面的天赋，于是，杰克逊的父亲就成了他音乐之路的启蒙老师。

后来，迈克尔·杰克逊果然获得了成功，他被誉为世界流行音乐之王，甚至超越猫王成为西方最有影响力的音乐家。他在音乐方面是个全才，不仅能唱会舞，而且还会乐器演奏，甚至作词、作曲、场景布置都难不倒他。

◆ 迈克尔·杰克逊

迈克尔·杰克逊、猫王、披头士都是一个时代的流行音乐教父，带有典型的时代标签，杰克逊开创了MV这一音乐模式，把流行音乐演变为一场视觉和听觉的盛宴。有权威乐评人这样形容：如果不是杰克逊的努力，MV这一音乐形式将至少推迟50年才会出现。他的音乐融合了黑人的流行音乐的节奏和白人摇滚的乐风，既能高亢有力，又有柔美灵动，所以杰克逊每次的音乐会都会引起巨大的轰动。

◆ 迈克尔·杰克逊

迈克尔·杰克逊的专辑《THRILLER》在全世界的销售量是1.04亿，这么惊人的销售量恐怕无人能敌。据有关统计数据表明，杰克逊的专辑在全球的销量超过了7.5亿，这还不包括大量的盗版唱片。他是全世界第一个在美国以外市场卖出唱片超1亿张的音乐人。他那让人不可思议的舞步

世界未解之谜

引来无数人的效仿。2006年，吉尼斯世界纪录将世界历史上最成功的艺术家奖颁发给了杰克逊。

奇怪的死因

2009年6月26日，一则惊人的消息被报道：迈克尔·杰克逊死亡，尸检结果发现，死者生前使用了过量的异丙酚。尸检报告一出，杰克逊的私人医生莫里被推上了风口浪尖，因为尸检表明该药是在"非正常医疗状况下"被注射到死者体内的，且剂量不符合注射异丙酚的基本要求。随后的庭审上，莫里在无罪辩护中声称："我没有非法，且无恶意做导致迈克尔·杰克逊死亡的行为。我和他之间是一种合法的雇佣关系，我只是在他的授意下进行了可能导致其死亡的行为，而这是没有经过深思熟虑和充分思考的，自己没有必要反

> **知识小链接**
>
> 杰克逊获得的头衔很多，他获得格莱美终身成就奖，作为有史以来最杰出的艺术家，他独一无二地三次入选了摇滚名人堂；他还荣获了多项吉尼斯世界纪录，包括"世界历史上最成功的艺术家""一年赚钱最多的流行乐歌手""最成功的流行乐家庭"，拥有15项格莱美奖、26项全美音乐奖等大奖。

◆ 迈克尔·杰克逊

084

第二章 名人死亡真相之谜

迈克尔·杰克逊

驳。"法庭又抽调了十几位医疗专家对莫里的治疗过程是否存在过失进行了商讨。最后，法院以证据不足为由，宣布莫里无罪。

很多人不能接受杰克逊病逝的事实，说他注射大量异丙酚而死更让人不能理解。那么杰克逊的真正死因又是什么呢？

还有一件诡异的事让世人感到惊奇，杰克逊死后，人们不止一次见到他生活过的庄园出现鬼魂，甚至有人将拍到的视频放到网上。这引起了杰克逊全球粉丝的讨论。大家看到这段视频一致认为：这不是影子，这真的是杰克逊的魂魄，他太爱自己的音乐了，所以他要留在人间，与他的粉丝们在一起。

在迈克尔·杰克逊逝世一周年忌日这天，他的母亲凯瑟琳将自己亲笔撰写的《永不说再见》投向市场，为生前官司不断的杰克逊辩护。书上登载了杰克逊生前许多珍贵的照片和小时候的成长故事。凯瑟琳用这样一种特殊的方式来悼念自己的

迈克尔·杰克逊

儿子，因为她感到儿子生前背负了太多沉重的包袱，这些包袱让他死不瞑目。

歌者已逝，天籁之音成为绝唱，然而一些未解之谜却空留人间。

Part2 第二章

加加林死因探秘

第一个脱离地球进入太空的是苏联宇航员尤里·加加林，他是世界太空第一人，更是苏联人民的"民族英雄"。

1968年，加加林在一次飞行时，飞机因机械故障坠毁，加加林也在此次空难中丧生，死时年仅34岁。

人有旦夕祸福

事情还要追溯到1968年3月的一天。这天天气晴朗，很适合飞行训练。加加林的身影出现在莫斯科契卡洛夫斯基航天场，加加林和谢辽金先后进入一架米格-15歼击机的驾驶舱。加加林曾是第一个驾驶米格-15歼击机的飞行员，今天，他只是进行常规飞行训练。陪同他的谢辽金是航空团副团长，有着过硬的飞行经验，同时也是加加林的飞行教官。

10时19分，伴随着一阵轰鸣，加加林驾驶的飞机离开跑道飞向蓝天。在完成规定的训练动作后，机场的调度员听到加加林的返航请求，接着加加林与机场人员的通话就中断了。

> **知识小链接**
>
> 1961年这次飞行给加加林带来无数大大小小的国家勋章。在这次历史性的飞行之后，加加林荣获列宁勋章并被授予"苏联英雄"和"苏联宇航员"称号，并曾多次出国，访问过27个国家，22个城市授予他荣誉市民称号。1962年，加加林当选为第六届苏联最高苏维埃代表。

◆ 加加林

调度员不住地呼叫加加林的名字,但始终没有回应。因为此时加加林驾驶的飞机已经在航天场不远处坠毁了。

各执一词

加加林的死讯很快传遍世界各地,人们为这位年轻的航天英雄感到惋惜,与此同时,有人指出这次事件的背后一定暗藏着某种秘密。

❖ 加加林

惨剧发生后,苏联政府立即组织有关力量对加加林遇难一事展开调查,各路专家经过仔细勘察后得出结论:加加林的死是由于飞行操作不当引起的,当时加加林驾驶飞机就要降落时突然加速俯冲,导致飞机坠毁。调查人员推断,飞行员失事时俯冲操作一般是为了躲避空中的障碍物。这一解释很难让众人满意,因为加加林有着高超的飞行技术,他断然不会出现这种"自杀"行为。更令人奇怪的是苏联官方在披露几个"调查结果"后,就闭口不谈加加林的任何消息。政府这一做法更引起了人们的好奇和猜测。

猜测一:加加林获得各种荣誉后,性格发生改变,常常酗酒作乐。事发当天,他和谢廖金一起饮酒后驾驶飞机上天,这一"醉驾"行为导致飞机坠落。

猜测二:上天第一人本该属于谢廖金,结果荣誉都让加加林得了去,所以谢廖金嫉妒加加林,在一同上天时杀死加加林,然后自杀。

除此之外还有各种版本的猜测,比如外星人绑架说、加加林跳伞逃脱说、苏联领导人指使暗杀说,等等。

❖ 1962年5月1日,尤里·加加林与苏共中央第一书记尼基塔·赫鲁晓夫在列宁墓观礼台上。

第二章 名人死亡真相之谜

世界未解之谜

再调查遭拒绝

苏联航空专家伊戈尔·库兹涅佐夫曾指出,加加林和谢廖金死于飞机事故应该是属实的。但他又指出飞行员做出俯冲操作是在飞机上的通风设备失灵,驾驶员座舱无法密封的情况下,飞行员采取的紧急降落的应急措施。他还补充说,座舱无法密封不是人力所致。

◆ 加加林

库兹涅佐夫说:"当时米格-15歼击机以每秒145米的速度向下俯冲。加加林和谢廖金在飞机坠落过程中就已经失去知觉。失事后的调查结果能说明什么问题?那只不过是猜测罢了。很不幸,有人不想真正的原因被公布,参与调查的那些专家大多已经去世,无法站出来承认他们的失误。"

库兹涅佐夫后来又联名30多名专家向俄罗斯总统请求再重新展开调查,但却遭到总统府的拒绝。总统府称,原始调查真实可信。

第三章
历史问题不解之谜

　　人类历史长河中向来不缺少谜一样的故事。这些谜团保留在人们的记忆中,让人久久不能忘怀,成为人们茶余饭后的重要谈资——历史上是不是真的存在过诺亚方舟?它与史前洪水传说有多少联系?举世震惊的"9·11"事件又有着怎样不可告人的秘密?美国最大的政治丑闻"水门事件"的真相是谁揭露的?种种的谜团吸引着人们好奇的目光。

Part3 第三章

是谁策划的"9·11"事件

震惊世界的"9·11"事件让亲历者心有余悸。虽然美国政府将此事件定义成基地组织策划的恐怖袭击行为,但仍有很多疑点等待解答。

震惊世界的事件

2001年9月11日上午,分属美国联合航空和美国航空的两架波音客机从美国波士顿机场先后起飞,飞机平稳地在天空飞翔。此次搭乘客机的共有145名旅客,他们的目的地是美国城市洛杉矶。

作为国际大都市的纽约,有一座标志性的建筑屹立在曼哈顿,那就是世界贸易中心,人们常称之为"双子大厦"。这一天,在大厦里工作的人员像往常一样忙碌着,谁也没有料到一场灾难即将来临。

就在大家埋头工作的时候,突然传来一声巨响,紧接着是一阵地动山摇的剧烈晃动。原来飞往洛杉矶的波音客机以每小时790千米的速度撞向了世贸中心94层。飞机上当时携

> **知识小链接**
>
> 美国政府的一个统计显示,为追杀本·拉登,在阿富汗战争中,从2001年到2010年,美国的军事拨款超过4280亿美元。到2010年6月1日对阿富汗的占领已造成7228名美军士兵伤亡。

❖ 世贸中心崩塌后成废墟

带大量的航空燃油，在飞机撞上大楼的瞬间都倾泻到大楼之上。顿时，世贸大楼被熊熊大火包围。人们惊恐万分，还没有明白这是怎么回事，周围就已经乱作一团。

事情还没有结束，就在大家回过神来想要逃生的时候，又一架波音客机撞上世贸大楼78层的位置，并直接从大楼的东侧穿了出来，被撞坏的飞机残片雨点般地从空中落下来。

❖ "9·11"—美国本土遭受最大的恐怖袭击

美国电视台的记者们捕捉到这一惊心动魄的场面，并将实时画面传递到全美国甚至全世界。全世界亿万观众都收看了美国遇袭的新闻。然而事情还没结束，就在第二架客机撞向世贸大楼不久，一架美国航空公司的大型客机遭到劫持，这次袭击的对象更令美国不安——美国国防部，五角大楼。

以安全防卫严密著称的美国，遭受了前所未有的袭击，这让美国上下都陷入到极度恐慌与悲伤中。

反恐战争打响

美国政府在调查后得出结论，此次恐怖袭击事件是由国际恐怖组织精心策划的，是恐怖分子对美国自由的挑衅。而这个国际恐怖组织的头目被指向了领导阿富汗塔利班武装的本·拉登。

随即，旷日持久的反恐战争在美国主导下打响了。

美国派出先进战机驻扎到美国波斯湾军事基地，然后美英两国地面部队向

❖ 本·拉登

阿富汗塔利班组织发动军事袭击。联合部队对塔利班武装的军事基地、通信设施、训练场地投掷了炸弹。11月，阿富汗北方联盟在美英部队的帮助下控制了阿富汗首都喀布尔。接着，美国政府又借机以伊拉克隐藏大规模杀伤武器，并支持基地武装为借口，发动新一轮海湾战争，并推翻了萨达姆政权。

◆ 五角大楼鸟瞰图

自编自导的事件？

美国以"反恐"为借口，在世界各地展开了大大小小几场战争，人们冷静下来仔细分析，认为这次事件背后还有其他玄机。于是，"9·11"事件的真相也越来越引起人们的兴趣。

◆ "9·11"事件

为此，美国民间成立了独立调查委员会参与此次调查，最后他们也认为此次事件是恐怖分子所为。

就当人们真的相信"9·11"事件是基地组织策划的恐怖袭击时，2004年10月间，美国加利福尼亚州的百万富翁詹姆斯·沃尔特花费巨资在美国多家电视媒体投放广告，广告质疑美国政府为何隐瞒"9·11"事件真相。广告暗示这次事件中存在漏洞，最大的漏洞出在袭击五角大楼上，因为如果是飞机撞击，五角大楼的毁坏面积不可能这么小；还有一个疑点，双子大厦倒塌后，距离世贸大楼不远的第七大楼也倒塌了。第七大楼只有47层，当时它并未受到撞击，为什么会突然倒塌呢？解释只有一个：可能这栋楼被人安装了爆破装置。美国将此次事件归为恐怖袭击，为的就是掩人耳目，为自己的疏忽找理由。所以沃尔特做广告的目的就是敦促独立调查委员会重新调查此次事件。

❖ "9·11"事件

沃尔特的广告在美国引起轩然大波，并且他这个广告投放的时间点也很微妙，恰逢美国大选投票之时，所以很多人判断沃尔特的真正目的是为克里赢得选票。《纽约时报》却不这么认为，他们相信沃尔特是一个远离政治的商人，对政治斗争丝毫不感兴趣，所以他这么做不带有政治色彩。

更令人感到不解的是"9·11"前一天，美国华尔街的投机者们抛售了大量股票，"9·11"当天股市大跌，他们难道有未卜先知的能力？

❖ 本·拉登

世界未解之谜

美国知名杂志在《美国，从自由到法西斯》一文中一针见血地讲道："如果'9·11'事件是基地组织所为，他们为何要这样做？美国是世界强国，以他们的实力只能是以卵击石，自取灭亡。更何况基地组织往往在实施恐怖袭击后，都会主动对外相告，可是这次他们拒不承认是自己所为。我们只听到美国政府的一面之词，且他们的证据仅为一份看不清楚的录像带，美国政府为何要这么做，只有天知道。"

◆ 9·11事件（世贸中心）

文章最后强调，"9·11"事件发生后，美国主导了几场战争，推翻了几个敌对政府，这样一来，美国政府和背后的财团是这次事件最大的赢家，所以这可能是美国一手策划的国际阴谋。

质疑过后，有人相信"9·11"事件是美国政府自导自演的一出好戏，但事实果真如此吗？

可以肯定的是，"9·11"事件不是一起单纯的恐怖袭击行为，它的背后一定有个巨大的阴谋，相信总有一天，这个阴谋的主导者会浮出水面。

◆ 世界贸易中心

Part3 第三章

"水门事件"背后的阴谋

> 《华盛顿邮报》的两位记者曾在1972年报道了美国著名的"水门事件"始末,让这起事件大白于天下。随着事件的公布,提供内幕的"深喉"成为人们猜测的焦点。

众多被怀疑者

1972年6月,美国新一届总统大选激战正酣。为了赢得连任,时任美国总统的尼克松指使5名竞选班子骨干秘密闯进华盛顿水门大厦的民主党总部,企图安装窃听装置和拍摄绝密文件。不料行动失败,当事人被捉,这件事是当时美国最大的政治丑闻——"水门事件"。

美国《华盛顿邮报》的两名记者鲍勃·伍德沃德和卡尔·伯恩斯坦找到亲历事件的参与者,揭开了"水门事件"背后的秘密。两名记者为了保护爆料者,给这名当事人起了个"深喉"的绰号,并拒绝透露该人的任何消息。

"水门事件"已经过去几十年了,但这几十年中,人们对"深喉"的身份一直猜测不透,所以参与此事的很多人都成了怀疑对象。拉吕就是其中重要当事人之一,当时秘密闯进民主党总部办公室的就有拉吕本人。"水门事件"结束后,拉吕负责给参与者支付报酬,并警告大家保持沉默。

▼ "水门事件"地点

当时，伍德沃德和伯恩斯坦对"水门事件"的报道结果与FBI的调查结果基本一致，这让美国中央情报局不得不怀疑"深喉"就是其内部人员，并把怀疑矛头对准了中央情报局局长帕特里克·格雷。之所以将格雷认定为重要的嫌疑人，是因为他最符合报告中描写的形象，而且他有最恰当的时间。最重要的因素是：格雷和伍德沃德的住所离得很近，见面方便得多。

❖ 乔治·赫伯特·沃克·布什

"深喉"的矛头还被指向了老布什。老布什曾经是尼克松竞选团队的重要一员，尼克松曾经信誓旦旦地向老布什承诺，希望老布什担任大选中的副总统候选人，但尼克松没有信守诺言。1971~1973年间，老布什周末常常往返于纽约和华盛顿。巧合的是，伍德沃德和"深喉"的会面时间常常定在周末。

谁才是真正的"深喉"呢？

"深喉"出现

2009年5月的一天，《华盛顿邮报》在网站上披露说，在"水门事件"中向伍德沃德提供线索的线人是曾经担任联邦调查局副局长的马克·费尔特，他就是人们一直在寻找的"深喉"。《华盛顿邮报》报道说，是本报的三名记者最新揭开了"水门事件"黑幕，三名

❖ 水门丑闻曝光后的尼克松接受采访

记者分别是伍德沃德、伯恩斯坦和总编布拉德利，他们为什么要公开"深喉"的身份呢？因为91岁高龄的费尔特已经向家人和《名利场》公开了自己的身份。按照先前他们的约定，三位知情者没有必要再为"深喉"的身份保守秘密了。

2009年5月31日《名利场》刊登了一篇文章，就是这篇文章让三位记者不愿再保持沉默。这篇文章的作者是前联邦调查局副局长马克·费尔特的律师撰写的，文章中多处引用了费尔特的话说："我就是'深喉'。"已经91岁高龄的费尔特得了中风，精神状况不是很好。在过去的一段时间，他不止一次提到自己就是"深喉"，但后来又矢口否认自己说过。

> **知识小链接**
>
> 水门大厦地处华盛顿特区西北区泼托马克河畔，由一家五星级饭店、一座高级办公楼和两座豪华公寓楼组成。大厦正门入口处，有一个人工小型瀑布飞流直下，水花飘舞飞扬，使整个建筑群有了"水门"的美称。

尼克松为何被出卖

《名利场》在报道这件事时认为，当年"深喉"出卖尼克松的原因主要有两点：

一是白宫与联邦调查局结怨较深。当年白宫和FBI关系并不好，费尔特曾亲口说过，1971年，《纽约时报》刊登了美国政府与苏联的战略武器会谈内部消息，时任总统的尼克松为了调查出美国政府内的泄密者，决定使用窃听器和测谎仪等设备。作为情报机关的FBI坚决反对这么做，费尔特形容尼克松的行为是"孤注一掷"。

1972年，美国政府想游说FBI伪

❖ 鲍勃·伍德沃德

世界未解之谜

尼克松

造证据以便美国政府走出政治丑闻旋涡，FBI局长断然拒绝了美国政府的要求，这让美国政府与FBI的关系更加紧张。这一年，胡佛去世，胡佛在世时最欣赏费尔特。随着共和党人格雷接替胡佛担任新一届中央情报局局长，费尔特觉得自己是时候将"水门事件"调查清楚了。

二是费尔特与尼克松是冤家对头。随着FBI调查"水门事件"的深入，美国政府设置了一种障碍阻碍FBI调查。费尔特形容1972年的每一天都在"黑暗"中度过。白宫视费尔特为敌人，尼克松甚至下令监视费尔特，可见费尔特面对多么巨大的压力。

费尔特事后回忆，在他对事件调查过程中，格雷设置的障碍一度使自己的调查摸不着头绪。费尔特在迷茫中，决定向媒体透露他掌握的情况，最后他选中了在美国甚至全世界都有一定影响力的《华盛顿邮报》。

巴里·萨斯曼是一位调查"水门事件"的专家，他认为，"深喉"在这起事件中扮演的角色很微妙。如果没有"深喉"的出现，伍德沃德和伯恩斯坦很难吸引众多媒体长时间的关注，是"深喉"让这个故事立体起来，但他真的透露了什么重要情况吗？"我实在想不起来。"萨斯曼如是说。

也许"深喉"的背后还有更重要的角色，就连尼克松总统当时也这么认为，他怀疑伍德沃德和伯恩斯坦的背后有FBI的支持。人们也开始怀疑，仅凭费尔特一个人是不可能提供太多绝密信息的。

高空俯视水门大厦

Part3 第三章

亚述人为什么喜欢发动战争

> 公元前3000年左右，在两河流域北部的地方，亚述人部落渐渐发展壮大了起来，到了公元8世纪末，他们已经发展成两河流域最强大的国家。

亚述人有个特点，比其他游牧民族更喜欢发动战争，他们崇尚武力到了穷兵黩武的程度。他们为何不惧流血冲突也要挑起战端？这与他们的风俗有关吗？

有人说，亚述人没有留下太多的文明成就，留下的遗迹大多与战争有关，也可以美其名曰"战争的艺术"。如果你参观亚述文化遗址就会发现，亚述国家的政治、经济、艺术、文化都带着浓浓的军事色彩。纵观西亚历史，亚述人的战斗力在当时是最强大的。为什么亚述人拥有如此强大的战争力呢？经过分析主要，有以下几点原因。

> **知识小链接**
>
> 由于亚述人的黩武主义特征，亚述人称霸的时期比美索不达米亚历史上任何时代都更有特殊性。他们的血腥也使亚述人成为西亚人民痛恨的一支民族。他们留下了一些后裔，是现在伊拉克的库尔德人。

亚述人有较强的军事素质

在亚述民族每一个人的观念中，国家意味着军事，两者是不可分割的整体。在他们眼中，国家就是一部战争机器，对外扩张是战争机器的首要目的。

亚述王——帕拉沙尔三世

好战的战争机器

在亚述国王提格拉特帕拉沙尔三世时，亚述就建立了一支由精兵和优良武器组成的部队，这支部队拥有多个兵种，比如步兵、骑兵、战车兵、轻装步兵、重装步兵、攻城兵和工兵等。在战场上，这些兵种配合得天衣无缝，将各兵种的优点发挥到极致。亚述人在作战时能够抓住战机，抢占地形和时机。他们最早懂得利用充气皮囊渡河的方法，成排的皮囊连起来放在河面上，上面再铺上树枝，就成为一座浮桥。这一技术，后来还被拿破仑用在战场上。

◆ 亚述首都尼尼微城

先进的装备

亚述人在使用铁制武器上在当时达到了登峰造极的程度。亚述人有先进的攻城武器——投石机。这是一种攻城的利器，投石机有一个巨大的木质框架，里面装有旋转装置，由马鬃和橡树皮纺织成的绳索缠绕在这个旋转装置上。只要几个人合力拉动，就能将巨大的石弹或烧着的火球投掷到敌人的城内。另一种攻城利器是攻城锤，它的主要部件由青铜铸成，攻城时用来撞击城墙或城门。人们曾在亚述国王萨尔贡二世王宫的武器库遗址里，发现了大量的兵器，包括铁剑、盾牌、盔甲、弓箭、战车等，这些兵器的重量足有两百吨重。就是有了这些武器装备，亚述人才能横行西亚几百年。

◆ 阿述纳西帕二世的古王宫尼姆罗德里的浮雕

由于亚述人骨子里天生带有好战的因素，所以将他们看成恐怖主义的始祖也很贴切。在亚述历史上有一位著名的暴君，名叫阿述纳西帕二世，在他担任国王时曾经攻打过美索不达米亚和叙利亚，获胜后专门制作碑刻来赞扬自己的"壮举"。碑文中这样写道：我用敌人的尸体堆满了山谷，直达顶峰；我砍去他们的头颅，用来装饰城墙。我把他们的房屋付之一炬，我把他们的皮剥下来，包住城门城墙；我把人活活砌在墙里，我把人用木桩钉在墙上，并且斩首。从中可以看出亚述人的凶残。

亚述时代的建筑构件

在历史资料中，亚述人都被描述成凶恶残暴、嗜血如命的恶魔。《圣经》中也对亚述人有过描写，他们所到之处，尸横遍野，血流成河。亚述人通常以所斩敌人的首级多少为评定功劳大小的标准。所以，他们攻城掠地之后，大部分俘虏会被斩首。如果俘获敌方的官员，处置更加惨无人道，有割耳割鼻的，有断手断脚的，有五马分尸的。有意思的是这些血腥的记载并不是出自其他民族的资料，而是出自亚述人自己的历史资料里，这说明在亚述人眼中，暴力是一件值得骄傲的事情。

美国文化史教授伯恩斯对亚述人好战的本性提出了自己的见解：

亚述人是出色的武士民族，造成这个民族争强好胜的原因是特殊的地理环境。亚述人没有太多的自然资源，国家周围没有天然屏障，所以生活在其他部落民族的威胁之下。为了摆脱不利局面，他们慢慢养成争强好

亚述帝国古城伊拉克尼姆罗德

胜的性格，并成了贪得无厌的掠夺者。

他们越是攻城掠地，就变得愈加贪婪，在他们的潜意识里，只有征服才能保住自己的所得。每一次的胜利，都让他们更加蠢蠢欲动，并把矛头对准更大的目标，所以他们能很快就称霸美索不达米亚。

还有一个成就亚述人如此强大的原因是冶铁技术的应用。亚述人掌握了较为先进的冶铁技术，并把它们应用到农业、手工业和军事上，这使他们拥有比对手更加坚固锋利的武器。有了先进的武器，他们在东征西讨时更加得心应手，一路攻城掠地、所向披靡，最终以军事帝国的身份，登上两河流域的高峰。

❖ 持剑肃立的亚述人

❖ 亚述宫殿牛身人头雕像

战争虽然给亚述人带来丰厚的回报，但也为其灭亡埋下了祸根。由于亚述人争强好胜，将武力放在国家发展第一位，所以工业和商业发展就相对滞后，以至后期经济出现萧条，制造业和贸易被阿米拉人所垄断。另外，亚述人常年征战，在外树敌过多，常常遇到外族势力的反抗。

有一年，亚述军中突发瘟疫，亚述军队置军人身体于不顾，贸然发动对圣城耶路撒冷的战争。新巴比伦王国国王那波帕拉萨尔看准时机与米底王国结盟，领重兵攻陷了亚述都城尼尼微城，最后一把火将尼尼微城变成一座火城。辉煌300年的亚述国就此烟消云散。

❖ 亚述宫殿壁画

Part3 第三章

居鲁士称霸中东之谜

> 提起"居鲁士"可能很多人都感到陌生，但说起波斯帝国恐怕就无人不知了，居鲁士正是波斯帝国的缔造者。

不幸的身世

公元前7世纪，在今天伊朗以西有两个部落群体，分别是波斯和米底，它们一个在南一个在北，相安无事。公元前612年，米底和新巴比伦联手除掉了两河流域的血腥政权——亚述帝国。米底从此号称帝国，成为西亚强国之一，波斯人成为他们的臣属。居鲁士就是波斯人和米底人通婚的后代。

知识小链接

"中东地区"或"中东"是指地中海东部与南部区域，从地中海东部到波斯湾的大片地区，"中东"地理上也是非洲东北部与亚洲大陆西南部的地区。"中东"不属于正式的地理术语。

居鲁士的身世很戏剧化，有"历史之父"之称的希罗多德在所著《历史》中有记载：米底国王阿斯提阿格斯在睡觉，恍惚中梦到女儿芒达妮的儿子将会杀害自己，并夺走自己的王位。他醒来后一直思考这个梦，最终他把女儿嫁给了国力并不强盛的波斯王子冈比西斯，以防女儿的后代来夺取米底的土地。奇怪的是，女儿在怀孕时，他又做了一个梦，梦见女儿肚子里生长出一个巨大的葡萄藤，葡萄藤枝繁叶茂，遮住了整个亚细

波斯遗址怪兽雕塑

世界未解之谜

亚。阿斯提阿格斯醒来后决定处死外孙以绝后患。

这个可怜的孩子就是居鲁士。他刚刚来到人世，就被送到国王最信任的一个大臣哈尔帕哥斯的手上并被下令处死，哈尔帕哥斯不忍下手，就

◆ 世界文化遗产——波斯遗址怪兽雕塑

转交给了一个牧羊人，命他将婴儿扔到荒野自生自灭。巧合的是牧羊人的妻子刚刚生产，但婴儿生下来就死了，于是他们留下居鲁士，用自己亲生儿子的尸体来交差。

居鲁士长到10岁的时候，和村里的一群孩子玩抢国王的游戏，结果被"推选"为国王的居鲁士打了一个贵族的儿子。事情被闹大，以至于国王阿斯提阿格斯亲自过问，居鲁士的身份暴露了。就在国王准备杀掉居鲁士的时候，宫廷祭司劝道："居鲁士在游戏中已经扮演过国王，不会在现实中再成为国王了。"阿斯提阿格斯这才打消顾虑，将外孙送回波斯。

波斯崛起

公元前559年，居鲁士成为波斯的新首领，在他的带领下，波斯10个部落得到统一。

当初奉命处死居鲁士的大臣哈尔帕

◆ 帕萨尔加德，居鲁士大帝在位期间（公元前559－公元前530年）的波斯首都

104

哥斯主动给居鲁士献计，劝说居鲁士攻打米底，自己可以当其内应。哈尔帕哥斯为何这样做？原来，国王在获悉哈尔帕哥斯并没有杀死居鲁士后，非常生气，命人处死他13岁的独子，并残忍地烹成菜肴给哈尔帕哥斯。哈尔帕哥斯控制住心中的仇恨照做了，但他发誓一定要报杀子之仇。

❖ 居鲁士

公元前553年，居鲁士起兵对米底开战。为了鼓舞大家的士气，他先让大家干了一天的重活儿，大家累坏了；第二天，他把自己所有的牛羊宰杀，配以美酒犒劳全军。这一天，所有波斯士兵们都吃饱喝足，好不快活。看到这种情景，居鲁士问大家喜欢第一天的辛劳还是第二天的享乐？大家当然选择了后者。居鲁士于是说："如果想享乐就要听我的，否则你们的生活将和昨天一样，每天在苦役中度过。"将士们纷纷表示要听从首领的命令行事。

❖ 世界文化遗产——波斯遗址

经过3年的苦战，居鲁士终于在公元前550年打败了米底，波斯帝国正式登上历史舞台。

征服吕底亚

波斯西边有一个称作吕底亚的国家，国王克洛伊索斯看到波斯帝国日渐强盛，怕日后对自己造成威胁，就想趁机将波斯灭掉。出征前，他派祭司去求神谕，得到的答案是：此时进攻波斯，一定会大获全胜。克洛伊索斯于是下令立即攻打波斯。克洛伊索斯首先攻克了普特里亚，居鲁士随后带领大军也赶到这里，双方在普特里亚展开会战。吕底亚军队有出色的骑兵，所以在战术上有优势，但波斯军队在数量上占上风。所以双方打得难解难分，一时难分胜负。

克洛伊索斯看到一时难以取胜，就决定退兵。居鲁士看到这种情况，下令主动出击，波斯人长驱直入，一直打到吕底亚本土。双方随后又在辛布拉平原展开激战。

居鲁士利用成排的骆驼队破解了吕底亚的长矛骑兵。经过艰苦的战斗，最终，波斯人攻入了吕底亚的国都萨迪斯城，吕底亚

❖ 居鲁士大帝衣冠冢

❖ 居鲁士大帝纪念碑

就此灭亡。

攻克巴比伦

西亚曾有三个强盛的国家，分别是吕底亚、米底和巴比伦。其中两个已经被波斯消灭，现在只剩巴比伦王国。

居鲁士采取攻打小国的做法，用6年时间将东伊朗和中亚地区扫平。公元前539年，居鲁士终于下令出兵巴比伦。

❖ 居鲁士圆柱

巴比伦的城墙异常坚固，但因为国家内部产生内讧，所以早有将士打开城门献关投降了，并在居鲁士进入巴比伦城的大路上铺了一层象征和平的橄榄枝。巴比伦又是如此富足，这为波斯进一步扫平中东奠定了物质基础。

波斯一直以来总是受到来自四面八方的威胁，现在西方的威胁已经解

❖ 世界文化遗产——波斯遗址

除，可以腾出手来对付东方的游牧民族了。公元前530年，波斯大军东征里海东岸的马萨格泰人。马萨格泰的首领是托米丽司女王。

居鲁士设计俘虏了女王的儿子，王子在波斯士兵的羞辱下自杀身亡。女王派使者告诉居鲁士："我以太阳的名义发誓，一定要让你血债血还。"双方展开了一场惨烈的战斗，战斗之激烈是空前的，双方射完所有的箭，然后又展开肉搏，最终马萨格泰人战胜了波斯军队，居鲁士也在这次战役中身亡。

❖ 居鲁士大帝

后来，居鲁士的儿子冈比西斯二世重新带领波斯大军返回马萨格泰，并打败了马萨格泰女王，运回了居鲁士的尸体。

居鲁士的遗体被葬在故都帕萨尔加迪。200年后，波斯帝国被希腊大军消灭，亚历山大大帝没有毁掉居鲁士的陵墓，反而下令对陵墓进行修葺。现在我们看到这个屹立了2500年的陵墓，陵墓的旁边有一个类似墓碑的石柱，上面铭记：我是居鲁士王，阿契美尼德宗室。

❖ 世界文化遗产——波斯遗址

❖ 居鲁士大帝的陵墓旁边的一根巨大的石柱上刻着："我是居鲁士王，阿契美尼德宗室。"

Part3 第三章
埃及唯一女法老的秘密

> 像中国一样,埃及也有一个唯一的女帝王,她就是哈特谢普苏特。

哈特谢普苏特是古埃及十八王朝的第6位法老,在位时间22年,在她担任法老期间,埃及政治社会稳定、市场经济繁荣,可见她是一个有智慧的女性。

哈特谢普苏特是图特摩斯一世的女儿,据传她不仅长得美貌无比而且聪明伶俐,深受父亲的喜爱。她原本有三个兄弟,但在图特摩斯一世去世前,两个正室兄弟已经先后去世。依照埃及王室的规定,该由庶出的儿子继承王位,但王室还有一条奇怪的规定,那就是要娶同父异母的妹妹才能具有"王室血统"。所以年仅12岁的哈特谢普苏特成了王后。图特摩斯二世当时疾病缠身,无法治理国家,于是治国的重任就落在了王后哈特谢普苏特的身上。没过几年,图特摩斯二世就因病去世,哈特谢普苏特为继续执政实现自己的政治抱负,就安排图特摩斯二世与妃子所生的10岁男孩与自己的亲生女儿结婚,这个男孩就是著名的图特摩斯三世。哈特谢普苏特以新法老年幼为名,继续执掌国家大小事务。

图特摩斯三世渐渐长大,他对权力也有了向往,但是还没轮到他亲政就被哈特谢普苏特给流放到外地了。为了树立自己的地位,她把自己塑造成太阳神阿蒙的女儿,她

❖ 埃及唯一女法老——哈特谢普苏特

109

世界未解之谜

是国王的女儿、前国王的王后、现国王的姑姑，当法老也无可厚非。她杜撰的身世被僧侣镌刻在女王神殿壁画上。故事大意是太阳神使轮一世的王后怀孕，然后生出女儿哈特谢普苏特，这个名字的意思就是"太阳神眷顾的最高贵女人"。即便如此，她仍要顾虑古埃及男女不平等的社会风气，所以为了维护王室形象，在她22年的执政期间，她总以男子打扮示人。雕像中她也是男子打扮，留着胡子，看不出任何女性特征。

❖ 在神殿巨大阳台之下的柱廊内，至今仍保留有部分彩色壁画，使后人能够联想当年神殿的辉煌

在哈特谢普苏特执政到第22年时，图特摩斯三世终于夺回王位，从此哈特谢普苏特与她的情人和女儿一起消失在人们的视线里。随着她一起消失的还有她在执政期间的许多记录，因此，历史资料找不到任何有关她任何失去权力、因何而死的信息，这为现代埃及历史学家研究她的历史增加了困难。有种说法是哈特谢普苏特在位期间突然死亡，随后一伙士兵就冲进宫殿，把一切有关她的物品全部销毁了。就连神庙中她的塑像也被毁掉脑袋或臂膀，墙上她的名字也被凿去，而历史资料有关她的记载也被全部抹去……

去向之谜

记载埃及法老丰功伟绩的庙宇和雕像遍布埃及全国各地，而唯独翻过了女法老这一页。有关她的历史资料被毁、雕像残缺、纪念碑被砸，就连她的木乃伊也不知去向，她的死因成了一

❖ 神殿巨大阳台之下的柱廊内，仍保留有部分彩色壁画

个谜。

20世纪初,英国考古学家卡特在埃及帝王谷进行科学考察,意外发现哈特谢普苏特的陵墓,但却是一个没有木乃伊的陵墓。在另一个陵墓里,卡特发现了两具老年女性的木乃伊,它们放置的位置却不同,一具在石棺里,一具放在地上。有埃及考古学家认为这是哈特谢普苏特和奶妈两人的木乃伊,但也有学者对此提出异议。他们认为女法老的木乃伊存放在开罗博物馆,奶妈的木乃伊还在编号KV60的原墓中安放。

◆ 被毁坏头部的雕像和壁画

2002年,由一支国际考古学界和埃及考古学界的专家组成的考古队利用先进设备开始寻找真正的哈特谢普苏特木乃伊,最终他们将寻找范围锁定在四具木乃伊上。专家们又利用先进的CT扫描技术将哈特谢普苏特亲属木乃伊与四具木乃伊一一比对,最后范围又进一步缩小到其中两具上,这两具木乃伊正是卡特寻找到的那两具。最终专家们通过技术手段认定那具被

◆ 神殿内部的神龛

扔在地上的木乃伊就是哈特谢普苏特女王木乃伊。埃及学者推测,可能是新法老认为哈特谢普苏特不配安葬在法老陵墓中,才把她扔到奶妈的墓中以泄私愤。

考古专家哈瓦斯说,这具木乃伊于1903年就被发现,后来一直留在原地没被破坏真是一个奇迹。研究显示,女法老死于糖尿病或肝癌,死时50岁左右,她的左手被置于胸前,这是传统的埃及皇室的权力象征姿势。著名分子遗传学家甘德指出,从这具木乃伊骨骼中取样与哈特谢普苏特祖母的DNA样本对比发现,基因基本吻合,这具木乃伊是哈特谢普苏特无疑。

可是,也有一些保守的考古学家对这一结果持审慎的态度,他们说还需

世界未解之谜

❖ 神龛内已空无一物，只剩残存壁画

要更进一步的证据来证明。

哈瓦斯也曾到哈特谢普苏特的陵墓去寻找线索，但是这里的一切让他感到吃惊不已。这里毁坏严重，木乃伊的头被砍下，眼珠被挖出，前额上的王室三角标志被用刀削掉，放眼望去，满地都是破碎的法老雕塑。古埃及人是非常敬畏法老的，就连盗墓者也会惧怕法老的"诅咒"而不去碰木乃伊，看来陵墓的主人一定是引起了掘墓者极大的仇恨才被侮辱尸体的。

这位埃及唯一的女法老留给世人太多的谜团，她嫁给哥哥，夺取侄子的王位，谜一样的死因……史学者们普遍认为，是因为她的篡权专横才遭到图特摩斯三世的极端报复。

女法老执政的时代已经过去 2000 多年，不可否认她曾是一位伟大的女法老，虽然后世对她褒贬不一，但是她在执政期间确实是一个治国有方的伟大君主。几千年过去了，她的事迹早已淡出人们的视野，但人们对这位埃及唯一女法老的兴趣仍丝毫未减。

❖ 被毁坏头部的雕像和壁画

Part3 第三章

亚历山大陵墓有何秘密

> 历史上所有伟大的人物在去世后都会留下一座墓葬供人敬仰,但有些人却不愿意让后人找到自己的陵墓。

亚历山大是一位声名显赫的帝王,有关他的英雄事迹传遍世界各地,可是他的陵墓究竟在哪儿,却没有人能答得上来。

消失的灵车

亚历山大大帝死于公元前323年6月10日,他的尸体经过防腐处理后被暂时安放在巴比伦宫殿的地下室里。他去世不久,各大臣为了争夺皇位展开了激烈的战斗,所以他的尸体就一直没有得到妥善安葬。一年之后,亚历山大大帝国被一分为三,埃及由托勒密占领,亚洲划给塞留古统领,马其顿和希腊的土地留给了亚历山大的遗腹子继承,但实际上由安提柯和其子卡山德把持。这个遗腹子即亚历山大四世,虽未出世但得到了太后的保护。皇位争夺战告一段落后,人们才想起亚历山大的尸首,由于亚历山大的丰功伟绩,人们把他

❖ 亚历山大大帝的石棺

世界未解之谜

的形象神化，所以三个新国王都想把亚历山大的尸首葬在自己的领土内，表示自己是亚历山大大帝国名正言顺的继承人。

马其顿王室有规定，凡国王死后都要安葬在马其顿王陵谷，所以亚历山大就由卡山德负责安葬。卡山德在护送亚历山大尸体时，遭到不明身份人员的抢劫，亚历山大的灵车就这样不知去向。

突然出现

就在灵车突然消失后不久，亚历山大大帝的陵墓突然出现在埃及亚历山大城，著名的亚历山大金棺几个世纪来就一直安放在这里，供后人去瞻仰。传说凯撒到此后想参拜亚历山大陵墓，但守陵人告诉他，陵墓内漆黑无比，只有在晴天中午时分才能进去，而且在里面停留不能超过3个小时，否则将会在陵墓内迷路。凯撒不相信守陵人所说的，手持一个火把就要进入陵墓，但刚走到墓门口火把就突然熄灭，一连试了几次都是如此。凯撒在心里暗暗祈祷，请求亚历山大见自己一面。等凯撒再睁开眼睛的时候，亚历山大的陵

◆ 亚历山大大帝

墓已经变得通体透明，凯撒大喜，进入陵墓很长时间后才出来。等他的脚刚迈过陵墓出口，陵墓又恢复了原样。传说罗马帝国第二任皇帝提比略到此后也参拜过亚历山大的陵墓，但随后亚历山大墓就神秘消失了。对于它消失的原因人们说法不一，有的说是被海水吞没，有的说是被异教徒破坏了。

一直到公元3世纪，亚历山大陵墓仍悄无声息。到了公元642年，亚历山大城被阿拉伯大军攻下，这里悠久的文明让阿拉伯人惊叹不已。1798年，亚历山大城又被拿破仑攻下，此时的亚历山大城已经失去往日的辉煌，只剩不到六千户居民了，曾经雄伟的建筑已经变得破旧不堪。进入19世纪，亚历山大城得天独厚的地理位置受到人们重视，现代化的港口开始建造，古老的历史遗迹逐渐消失。到了今天，亚历山大陵墓的遗迹已经无处可查，尽管考古学家付出很多努力去寻找，但仍毫无进展。亚历山大陵墓真的消失了吗？

> **知识小链接**
>
> 亚历山大远征，客观上促进了东西方的文化交流。他曾下令让3万名波斯男童，学习希腊语和马其顿的兵法。亚历山大以后，希腊文化依然在亚洲得到不断传播。历史学家称此现象为希腊化文化，将从亚历山大起到埃及被罗马征服为止这一段时间（公元前323－公元前3年），称之为希腊化时代。

亚历山大真葬在了埃及吗

由于找不到任何亚历山大陵墓的痕迹，所以有专家大胆猜测，亚历山大并没有被葬在埃及。亚历山大陵墓只是历史学家为了迎合罗马皇帝而杜撰出来的，以此"证明"自己是亚历山大事业的继任者。那么亚历山大的尸体在哪里呢？历史学家推测亚历山大的尸体在那次劫持事件后，就被托勒密转移到不为人知的地方了。考古学家在亚历山大陵墓的遗址上进行挖掘，发现了孟菲斯神牛墓，由此推测人们将神牛当作亚历山大的化身。随后人们将考察地点推进到附近海域，结果只找到了埃及艳后被海水淹没的宫殿，但亚历山大的陵墓仍不见踪影。

世界未解之谜

陵墓在锡瓦

亚历山大大帝在征服埃及时做过一件无人知晓的事,那就是参拜了阿蒙神。据说他进入神庙之后与阿蒙神进行了对话,但对话的内容亚历山大从来没向外人提及,所以无人得知,他只说会告诉母后奥林匹亚斯。可是,自从他走上东征之路起,便再也没回到母亲身边,所以对话内容也就成了千古之谜。

有人猜测锡瓦密谈中亚历山大陵墓地点就是其中之一。20世纪初,考古学者来到这里,试图找到亚历山大陵墓,结果是无功而返。直到现在,人们也没在锡瓦发现亚历山大陵墓的任何遗迹。

陵墓只有托勒密知道

托勒密曾是亚历山大的心腹大将之一,亚历山大陵墓的秘密可能只有他才知道,因为历史资料表明是他策划的亚历山大尸体被劫案。那么在他的日常记录里,会不会留下什么线索呢?答案不容乐观。因为,亚历山大城图书馆早就毁于一场战火,所以现在考古学家找不到任何文字记载。也有人推测,托勒密也许没有为亚历山大建造陵墓,而只是草草地将亚历山大装入石棺,然后随便葬在某处,或者将石棺直接投入大海。也许广袤的大海才更适合亚历山大长眠。

腓力二世陵墓被发现

20世纪70年代,考古学家安德罗尼克斯发现了腓力二世——亚历山大父亲的陵墓。陵墓中央有一座高大的石棺,材质为大理石结构,石棺由宝石和黄金装饰。一些珠宝、战盔等物品整齐排列在腓力二世遗体旁边,其中有5件象牙雕刻制品,制作工艺极其细腻。这5件雕像分别是腓力二世及其王后、亚历山大和腓力二世的父母。这次发现轰动了考古界,人们有理由相信,腓力二世的陵墓能找到,那亚历山大的陵墓在不远的将来也会被发现。

Part3 第三章

世界十大**神秘**物品

下面提到的一些物品因无法用科学解释,所以人们提出了种种猜测,有的说是外星人遗留下的,有的说是蕴含了某种不可思议的能量,有的说是远古发达文明留下的遗物。凡此种种,不一而足,到底哪种可信呢?

巴格达电池

在伊拉克博物馆中,有一个不起眼的小陶罐,被誉为考古学最不可思议的发现。因为这个陶罐虽然有两千多年的历史,但以陶罐内装的所有物质及其制作意图来分析,这个陶罐却是一个古老的电池。这种电池是在公元前248年到公元前226年的一个帕提亚村庄遗址上被发现的。迄今为止,这块电池仍未被世界考古界承认。因此,它仍然属于科学之谜,不断吸引着世界考古学家、电气学家和化学家们著书立说,进行科学辩论。

❖ 巴格达电池

哥斯达黎加巨型石球

20世纪30年代末,美国人乔治·奇坦在哥斯达黎加人迹罕至的三

❖ 哥斯达黎加巨型石球

世界未解之谜

角洲热带丛林以及山谷和山坡上，发现了约200个宛若人工雕饰的石球。这些石球大小不等，大的直径有几十米，最小的直径也在两米以上，制作技艺精湛，堪称一绝。这些石球是什么人制作的？他们用了什么工具？迄今仍是未解之谜。

都灵裹尸布

中世纪人们发现了一个神秘的物品——"都灵裹尸布"，从表面上来看，这只是一件普通的麻布。但特别之处是，这是受刑人员被钉死在十字架时穿的麻布。现在人们围绕着究竟是谁穿着这件麻布衣接受了极刑而展开了争论。信奉基督教的教徒认为这是耶稣的裹尸布，所以这件麻布衣被他们视为圣物。可是现代的科学家们用科学仪器探测它的放射性碳，测定年代为1260~1390年之间。这显然与耶稣死亡时的年代不符，可是这一检测结果也备受争议，因为这块麻布上遗留的一些痕迹无法用科学解释。

❖ 都灵裹尸布

安蒂基西拉计算机

1900年，一位潜水员在希腊安蒂基西岛进行潜水作业，他在一艘沉没了几百年的古代货船中搜寻到一个古希腊时期的机械装置。这个装置为青铜打造，上面有齿轮部件和刻度盘。在随后的100多年里，很多科学家都对这台神秘的装置进行过研究，然而时至今日，科学家们仍对这个青铜装置的工作原理和内部结构不甚了解。到了近代，一个由英国和希腊科学家组成的研究小组，借以世界上最先进的三维X光照射仪，终于发现了一段描述该装置的铭文。研究人员分析后表示，这有可能是当今世界最古老的计算机，在古代它被用作预测太阳系行星的运动。

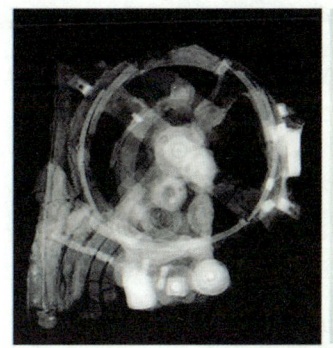

❖ 安蒂基西拉计算机

白公山铁管

白公山位于青海省海西蒙古族藏族自治州德令哈市西南40多千米处的怀头他拉乡，是托素湖东北地带最显著的山峰，科学家在对这里进行科学考察时，在一个山洞内发现一些铁管。其中一些铁管深深插入山中，还有一些躺在附近的盐湖里。盐湖里的铁管更多一些，而且大部分都沿着东西走向的湖岸放置。一些较大的铁管，直径约有40厘米，它们的尺寸相同，而且看起来好像是在有意摆成一些图案。这些铁管是谁安放在这里的？至今科学家们也没有研究清楚。

❖ 白公山铁管

科索山人造物品

1961年2月13日，美国加利福尼亚州一家经营宝石店合伙人前往科索山采集晶石。在山顶峰他们发现了一块极为坚硬的晶石。它的外层由黏土、卵石和化石组成，里面是被腐蚀的铜质六面体，核心是一个2毫米的磁性金属轴。这么复杂的结构不是现代人所为，因

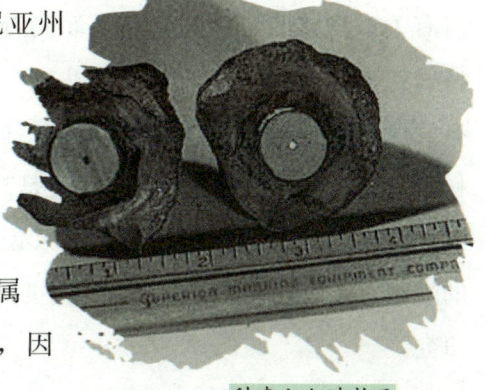

❖ 科索山人造物品

为据测定，它已经有 50 万年的历史。它是地球某个时期高度发达的古文明留下的遗物还是外太空的智能生命留下来的机器零件？人们一时还找不到合理的解释。

缅因硬币

20 世纪中叶，美国考古学家在位于缅因州印第安人遗址上找到一枚硬币，这枚硬币是 11 世纪早期的挪威硬币。为什么美洲会发现北欧早期的硬币？人们推测这有可能是北欧海盗比哥伦布更早就发现了美洲大陆。是北欧海盗最先发现的美洲还是通过交易使硬币流通至美洲还需进一步考证。

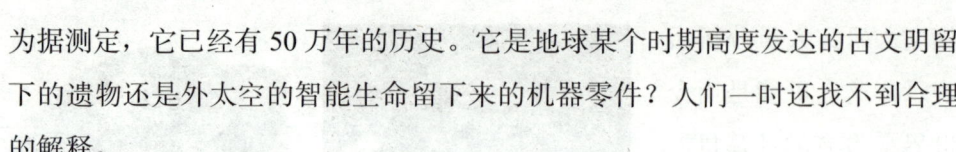

❖ 缅因硬币

罗马十二面体

在欧洲的一些国家，人们发现了一些拳头大小的古罗马青铜器，这些青铜器做何使用难住了考古学家，因为在历史资料里找不到任何有关该物体的记载。它的上面刻着一些无人知晓的特殊符号，这些奇怪的物品在法国、德国、瑞士都有发现。至于"罗马十二面体"的用途，各国的科学家们提出了各种猜测，有人说是某种测量仪器，有人说是普通的装饰品，有人说是一个奇怪的烛台。究竟它有什么作用，还需要人们进一步去研究。

❖ 罗马十二面体

费斯托斯圆盘

费斯托斯圆盘于 1908 年在希腊克里特岛上费斯托斯皇宫遗址被发现，现存于希腊的伊拉克里翁考古博物馆。圆盘上的符号是用活字印模在泥盘尚湿时压印上的，是迄今所知最早的活字印刷文献。费斯托斯圆盘是一个直径 2.54 厘米的赤陶圆盘，圆盘的两面都刻有象形文字，共 241 个，由外向内螺旋排布。盘上共有 241 个符号表示人物、动物、身体器官以及各种物体，还有一些船的图案。最常见的符号是佩戴头饰的人头，与在拉美西姆的埃及绘画上的非利士人相像。然而，由于未在历史同期发现过任何像这样的文物，考古学家无法对其内容做出有意义的分析。

❖ 费斯托斯圆盘

Part3 第三章
沙皇的"诅咒"

俄国最后一位沙皇——尼古拉二世全家于1918年7月17日被秘密处决，随后一系列恐怖的事情出现了。

处决尼古拉二世的人叫雅科夫·米哈伊洛维奇·尤罗夫斯基，他有"铁面警备官"之称。他当时的职务是看押尼古拉二世的侦讯委员会主席。尼古拉二世全家被处决不久，一系列神秘的死亡现象发生在尤罗夫斯基家族身上。尤罗夫斯基的家人都莫名其妙地死亡，特别是他的几个外孙女，都还未成年就无疾而终，难道尤罗夫斯基家族被诅咒了？

尤罗夫斯基的一位曾孙弗拉基米尔在接受采访时说过，尤罗夫斯基家族原本是一个生活富裕的上流大家族，人丁兴旺、子女众多，有专职佣人负责家人的日常起居生活。但是自从雅科夫·米哈伊洛维奇·尤罗夫斯基将尼古拉二世处死后，一系列不幸的事情发生在这个家族身上。有在大火中身亡的，有从高处坠下摔死的，有抑

❖ 尼古拉二世

郁上吊自杀的，更离奇的是他的一个家人在开车时窒息而亡，警察原本以为是他杀，但经过调查取证，证明车上仅有他一个人，所以排除他杀的可能。到最后，尤罗夫斯基竟然没有留下一个后人，而他的女儿也没能逃出厄运，于1935年被送进臭名昭著的政治犯集中营里。

就连雅科夫·尤罗夫斯基本人在生命的尽头也是受尽疾病的折磨。由于他长期吸烟的原因，他死于肺癌晚期。

> **知识小链接**
>
> 尼古拉二世受过严格的教育，会说一口流利的德语、英语和法语，也受过一定的军事训练。在位时间从1894~1917年，他对内镇压，对外扩张，却一事无成。俄国先后爆发了波澜壮阔的二月革命和十月革命，前者推翻了皇帝专制的统治，后者则最终结束了他的性命。

第三章 历史问题不解之谜

❖ 彼得保罗大教堂内尼古拉二世的陵墓

Part3 第三章
可怕的"法老咒语"

人们对埃及的金字塔都不陌生，在进入著名的法老图坦卡蒙陵墓的时候，人们发现了刻于墙壁上的咒语，这些咒语的作用是什么？

咒语显灵

人们在这个阴森的陵墓内清楚地看到墙壁上的一行埃及古文字，翻译过来是："谁打扰了法老的安宁，死神将会无情地处罚这个人。"起初人们以为这个咒语只是用来吓唬私自闯入金字塔的盗墓者，以便保护法老遗体和棺中财宝。可是一百多年来发生的一些怪事，让人们不得不重新思考这个恐怖的诅咒是否真的灵验。因为近一百年来凡是进入陵墓的人，不论是考古学家还是盗墓者，大多数人不是死于意外就是患上不治之症离奇死亡。这让那些试图进入该陵墓的人感到畏惧。

图坦卡蒙是古埃及十八王朝时期的法老，在位时间大约是在公元前14世纪，他8岁走上王位，19岁死亡，算是开创了法老年龄最小、在位时间最短的先河。1923年他的陵墓

> **知识小链接**
>
> 图坦卡蒙陵墓中的珍宝包括两把短剑，一把是金的，另一把是金柄铁刃的。后一把极为罕见，因为埃及人那时候刚刚知道用铁。由于出土的珍贵文物实在太多，工作人员用了整整10年时间，才将这批珍品整理完毕，转入开罗的埃及国家博物馆。

◆ 图坦卡蒙

被打开，人们在他的陵墓内发现大量的珍宝。图坦卡蒙的墓室是一个藏品丰富的博物馆，这里不仅包含制作精美的珠宝、工艺品，还有制作精良的衣物和家具，人们清点各类物品，发现居然有5000多件。这个陵墓的前室被粉刷成粉红色，并排放着三张雕刻成兽形的金床，床的两边各有一个真人大小的卫士雕像。放眼室中，各种珍宝琳琅满目：有黄金打造的战车、镶有宝石的王座，等等。最里面的棺室同样有两个武士雕像守护，并有四个黄金的神龛，水晶石棺和三个套棺安放在正中央，最里面的内棺由纯金打造，上面铭刻有图坦卡蒙的名言："我看见了昨天，我知道明天。"图坦卡蒙的遗体躺在内棺，他脸上戴着一副纯金面具，纯金面具完全按照图坦卡蒙的五官制作，所以与他本人的长相几乎一样。

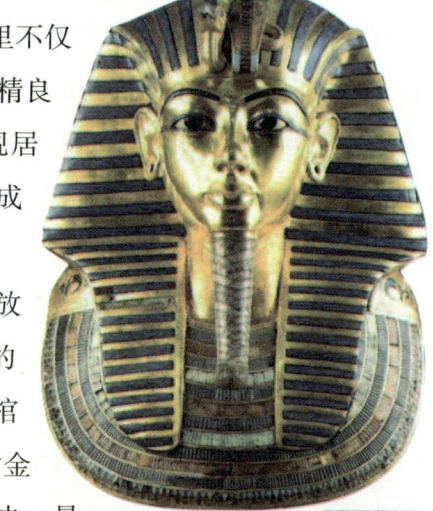

❖ 图坦卡蒙

图坦卡蒙法老陵墓犹如"潘多拉的盒子"，一旦打开，灾祸不断。此次发掘的出资人卡纳冯勋爵在进入陵墓后不足五个月就死于开罗。他的儿子在叙述事发情况时这样说："我父亲一连十多天高烧不退，那天凌晨，护士告诉我父亲去世的消息，当我进到他的房间时，整个医院都停电了，而开罗的电力公司却说这附近的电力供应没出问题。"

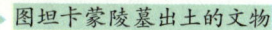

❖ 图坦卡蒙陵墓出土的文物

从1923年直到1929年的6年里，参与这次发掘工作的人员中有22人都因不同原因去世。第一个解开图坦卡蒙裹尸布的是雷德，他还为尸

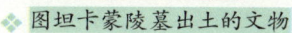

❖ 图坦卡蒙陵墓出土的文物

世界未解之谜

体照了几张X光片，但此后他的身体状况就极度恶化，第二年死于伦敦。其他人也莫名其妙死亡，进入法老陵墓会被诅咒的消息也开始流传。

❖ 图坦卡蒙陵墓出土的文物

有人分析，古埃及人可能掌握某种病毒专门用来对付盗墓者。1963年，埃及某大学医学专家伊廷塔豪在一篇论文中指出，他接诊的许多考古学家，他们都不同程度地患有呼吸道疾病，他认为这些人是被法老陵墓内的某种病毒所感染，得肺炎去世的。

1983年，法国一位女医生提出独特的意见，她认为法老陵墓里有的不是病毒而是霉菌。由于法老入葬时陪葬许多食品，日久天长这些食品都已经变质发霉，形成许多霉质的粉尘。发掘者进入陵墓后会吸入这种霉尘，从而导致肺部感染引发病变后死亡。

❖ 图坦卡蒙陵墓出土的文物

但也有一些科学家认为是法老陵墓的构造能产生某种磁场从而导致人类的死亡，但是要达到这种设计水平，其科技水平程度要高于现代人，3000年前的埃及人又怎么会拥有此技术呢？法老的诅咒至今仍是一个困扰着各国专家的未解之谜。

❖ 图坦卡蒙陵墓出土的文物

126

Part3 第三章
巴基斯坦的木乃伊

一具 2600 年前的木乃伊现身巴基斯坦卡拉奇市内的一家博物馆，它的出现引来全世界的目光。

意外发现

一天，卡拉奇市的一位警官突然接到有人报警，来人声称本市有阿里兄弟两人，他们藏匿着一具古老的木乃伊。接到报案，法鲁克警官不敢怠慢，他立即叫来阿里兄弟讯问。面对警察的盘问，阿里兄弟只好说出实情。原来他们是文物倒卖商，他们从一个叫瑞奇的人手里买到的这具木乃伊，现在这具木乃伊就藏在瑞奇家中。

法鲁克警官在阿里兄弟的指引下来到了瑞奇的住所，果然找到一个古老的棺木，棺木打开后警官大吃一惊，里面果然是一具充满异域色彩的木乃伊。

法鲁克警官立即找人将棺木运至卡拉奇博物馆。为了方便鉴定工作，木乃伊暂时安置在一个很小的展示厅里。研究人员首先对这具木乃伊进行了鉴定，这具木乃伊高 0.56 米，长 1.96 米，尸体被石蜡和蜂蜜的混合液紧紧包裹，保存完好。人们发现，这具木乃伊的制作手法与埃及的木乃伊一模一样。尸体的头顶上有一顶纯金的皇冠，脸部还戴

❖ 卡拉奇的木乃伊

世界未解之谜

有一个纯金的面具。唯一与埃及木乃伊不同的是，这具木乃伊的胸前挂着一个金质圆盘，圆盘上刻着古波斯的祭文。

这具木乃伊的出现立即引起了巴基斯坦政府的重视，他们命令考古学家们确定它的身份。

这具木乃伊出自俾路支省哈朗村庄一个地主家。这里曾经发生过一次强烈的地震，地震过后地主家的房子倒塌了，人们在清理现场时，发现墙内有一具棺木，打开之后里面竟是一具木乃伊。地主觉得自己家里一直藏着一具尸体是凶兆，于是就联系上了文物贩子瑞奇，最后地主以100万美元的价格将木乃伊卖于瑞奇。

❖ 埃及木乃伊

木乃伊身世之谜

这具木乃伊的身份是谁呢？人们从木乃伊身上的金盘着手调查。考古学家从金盘上的波斯语祭文推测，这具木乃伊的主人生活在公元前600年左右，所以距今已经2600年了。木乃伊是一具女尸，死时的年龄不超过20岁。于是历史学家在翻阅历史资料后推断这具木乃伊是一个名叫"卡姻"的埃及公主，她生前曾远嫁到波斯，嫁给了波斯"卡如什"王朝卡比尔国王的儿子。

❖ 发现木乃伊的卡拉奇市

公主的传说轰动了考古界，因为到目前为止，除了埃及以外，世界上没有一个地方发现过木乃伊，木乃伊是古埃及人独有的尸体防腐技术。古埃及人相信人死后生命还能重启，所以他们就想方设法保存好人的尸体，期望他们有朝一日能被神灵唤醒。当然这是古埃及人一厢情愿的想法罢了。但是这具木乃伊如果真是在波斯制作完成的,那么考古体系将会重新洗牌。但不可否认的是,在埃及之外发现木乃伊是考古界一次重大发现。

伊朗在得知这具木乃伊的出处后立即由政府出面致信巴基斯坦政府。伊朗官方称,既然木乃伊已经被鉴定为波斯人,

◆ 发现木乃伊的卡拉奇市

就应该把这具木乃伊归还给伊朗,否则,伊朗将采取必要措施索回国宝。眼看一场政治风波就要上演,巴基斯坦部级官员出面表态说,有关木乃伊的真实身世,巴基斯坦正组织有关专家进行更深入的研究,在鉴定结果没有公布之前,希望巴伊两国不要因为一些不确定的消息而发生政治风波。

巴基斯坦的木乃伊究竟来自哪里?她的真实身份又是谁?希望这些谜团的真相有一天能大白于天下。

◆ 卡拉奇市风景

第三章 历史问题不解之谜

世界未解之谜

Part3 第二章

泰坦尼克号为何沉没

1912年4月15日注定是一个令无数人伤心的日子。号称世界第一豪华客轮泰坦尼克号在首航途中发生意外葬身海底。多年来，人们一直在追寻的"泰坦尼克"号沉没的真正原因。

最豪华的客轮

1912年4月10日，在南安普敦港的海洋码头，"永不沉没"的"泰坦尼克"号启程驶往纽约。这天夜里风平浪静，甚至一点风都没有。如果有，船员会发现波浪拍打在冰山上的点点粼光。泰坦尼克号以22.3节的速度在这片漆黑冰冷的洋面上极速航行。当时船上载有旅客和船员共2207人，这艘当时最先进的客轮承载着无数人的憧憬正在开始它的处女航。

幸运之神没有眷顾这艘"永不沉没"的巨轮，泰坦尼克号在航行途中遇到了一座冰山，不幸与之相撞，虽然只有短短10秒钟的时间，但对这座海上巨无霸却是致命的。很快这艘客轮就和

❖ 船上的巴黎咖啡厅

❖ 泰坦尼克号

1513名旅客一起葬身海底。

发现冰山

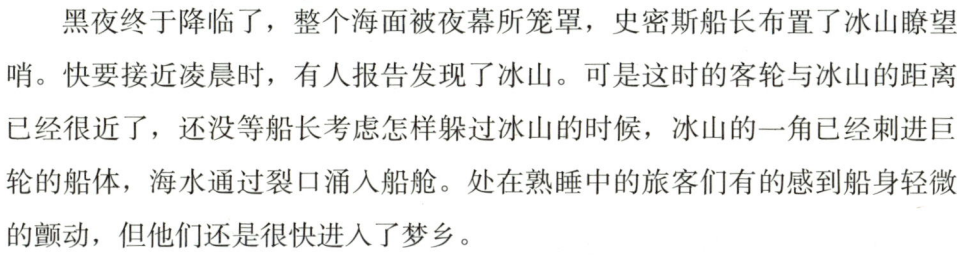
泰坦尼克号

1912年4月14日傍晚,"泰坦尼克"号上的旅客们明显感到气温下降,船员们也意识到这片海域会有冰山出现。但是他们一想到开动的是一艘钢铁巨轮,所以就继续高速前行。

黑夜终于降临了,整个海面被夜幕所笼罩,史密斯船长布置了冰山瞭望哨。快要接近凌晨时,有人报告发现了冰山。可是这时的客轮与冰山的距离已经很近了,还没等船长考虑怎样躲过冰山的时候,冰山的一角已经刺进巨轮的船体,海水通过裂口涌入船舱。处在熟睡中的旅客们有的感到船身轻微的颤动,但他们还是很快进入了梦乡。

船舱进入大量海水后船体开始倾斜,看到这艘船已经无法挽救,船长果断发出了海上求救信号,具有讽刺意味的是,这种海上求救装置居然是在世界航海史上首次使用。4月15日凌晨,船长下令放下船上的所有救生艇,让妇女和儿童开始逃生。

4月15日凌晨零点40分,"泰坦尼克"号船体已经与水面呈90°角的倾斜,接着船身迅速向海中扎去,船上没来得及逃生的旅客和船员都随这艘豪华客轮一起沉入冰冷的海底。这次令世人震惊的海难造成了很大的经济损失。事后,有科学家指出这起海难原本是可以避免的,这种巨大的冰山只有特定海域才会有,而且多发生在春夏交替时节,虽然它会对海上航行的船只造成困扰,但是它漂浮的路线是可预知的,只要人们应用科学手段完全可以避免此次海难。科学家的话现在看来

头等舱的奢华大楼梯

第三章 历史问题不解之谜

世界未解之谜

已经是后话,以当时的自然条件,怎么不让这么庞大的客轮沉没是十分困难的,它留给后人的只有曾经的神话和后人航海中的宝贵经验了。

❖ 船尾残骸

客轮受到了诅咒

灾难发生后,西方国家媒体迅速以大量篇幅报道了沉船事件,对于沉船的原因和场景描述各式各样,莫衷一是。其中有一种"木乃伊诅咒"的说法充满了传奇色彩。

大约在 1900 年前后,考古学家在埃及古墓中发掘一具刻有咒语的石棺,咒语为:"凡是碰到这具石棺的人,都会遭难。"可科学家们并没有理会这些,他们打开了石棺,展现在他们面前的是一具木乃伊。

他们把石棺运回英国并在大英博物馆展出。不久参加考古工作的成员莫名其妙地死去。一时间,关于木乃伊显灵的说法此起彼伏。大英博物馆也被迫取消展览。10 年后,一位富有的美国人希望高价收买石棺和木乃伊并如愿以偿,当时正是泰坦尼克号首航,于是他便将他的"宝贝"运上了泰坦尼克

132

号。可惜谁都没有注意到,在石棺上刻着的最后一句咒语是"将被海水吞没",连接上面的咒语就是"凡是碰到这具石棺的人,都会遭难,将被海水吞没"。

当然这种说法缺乏科学依据,科学家也在寻找更多的证据来揭示"泰坦尼克"号的沉没之谜。

❖ "泰坦尼克"号的船头残骸

第三章 历史问题不解之谜

❖ 泰坦尼克号电脑模拟图

Part3 第三章

偷袭珍珠港是美国的阴谋吗

1941年12月7日清晨，日本海军的航空母舰舰载飞机和微型潜艇，突然袭击美国海军太平洋舰队在夏威夷基地珍珠港以及美国军在瓦胡岛上的飞机场。太平洋战争由此爆发。

提到偷袭珍珠港就不能不提到日本法西斯的头目之一山本五十六。山本是一个精明的赌棍，他以自己下象棋、玩纸牌的高超技能而自豪。他在下象棋、玩纸牌的时候，依靠的是审时度势的绝妙本能。1940年11月11日晚，英国皇家海军"卓越号"航空母舰出动"旗鱼式"双翼轰炸机，袭击意大利海军在塔兰托基地的战舰并取得成功，这使山本看到袭击珍珠港是可能的。1941年1月7日，他提交了《对战争准备的看法》，这份长达9页的汇报提纲中提到了袭击珍珠港的具体计划。他将此计划交给参谋长大西泷次郎。大西少将立即责成源田实中佐研究这一计划。36岁的源田是一位足智多谋的飞行战术专家。他在担任驻伦敦海军武官期间，也仔细研究过袭击塔兰托的报

> **知识小链接**
>
> 珍珠港地处瓦胡岛南岸的科劳山脉和怀阿奈山脉之间平原的最低处，与唯一的深水港火奴鲁鲁港相邻，是美国海军的基地和造船基地，也是北太平洋岛屿中最大最好的安全停泊港口之一。一般的民用船舶及外国舰船无美国海军部特殊许可是不得进入的。

◆ 偷袭珍珠港旧照

❖ 山本五十六

告。关于此次袭击珍珠港的计划，他分析很快并得出结论：提出的计划是冒险的，但有取得成功的希望很大。于是日本海军总部责成山本全权指挥，负责实施这一计划。

对于日本的这一计划，美国已有觉察。

1941年12月4日晚，罗斯福在白宫总统办公室同他的主要助手（陆军部长史汀生、海军部长诺克斯、陆军参谋长马歇尔将军）一起研究日本舰队的动向时，发现一支强大的日本海军舰队从日本启航后悄悄地驶向太平洋中心。华盛顿情报部门几星期前就破译了这支舰队的代号"机动部队"。

此时，摆在罗斯福及其助手面前的选择有三种：第一，他们可以向全世界宣布，这支强大的日本舰队已经启航，因此，战争迫在眉睫。但"披露"这一事实可能阻止战争的爆发。第二，他们可以在日本舰队继续向目标前进时，通知珍珠港基地和舰队司令金梅尔上将，日本舰队攻击在即，让他向部队发出警报，把军舰疏散到远海，或者先发制人，粉碎日本海军的突然袭击。第三，是罗斯福本人决定并在当晚会议上向他的两名部长和马歇尔将军宣布的：只有柏林—东京轴心国之一突然侵略美国领土（例如夏威夷），美国才有理由参加战争。1941年初，他曾私下同丘吉尔讨论过

❖ 山本五十六

第三章 历史问题不解之谜

135

这个问题。

这确实是罗斯福的主张。他认为，尽管风险很大，但不可避免，为了打败希特勒，美国必须参战。然而美国只能在遭到侵犯的情况下参战，主动参战会在国内引起政治和道义上的分裂。

可是，希特勒是杰出的战略家，他向德国海军将领下达了严格的命令：任何德国潜艇不准在大西洋攻击美国舰队。德国海军严格执行命令。当时，纳粹空军根本不可能袭击遥远的美国。希特勒认为，他征服欧洲，摧毁社会主义苏联，最后制服英国的目标是可以实现的，但必须有一个"条件"——美国不要介入。当时大多数美国人也主张持中立态度。

罗斯福

据希特勒身边的工作人员说，当他获悉日本偷袭珍珠港的消息后暴跳如雷，在场的人被吓得目瞪口呆。当时德军已经取得席卷欧洲的辉煌胜利，德军的装甲部队直捣苏联腹地，即将"大获全胜"，珍珠港事件的爆发使希特勒预感到，他的世界战略可能要功亏一篑。

与此同时，有三位国家领导人也预感到，自1939年以来不断遭到失败的民主国家可能要转败为胜。他们是华盛顿的罗斯福、伦敦的丘吉尔和自由法兰西伦敦总部的戴高乐将军。后者当晚对帕西上校说，他认为战争已成定局，今后"应做好解放法国的准备……"

戴高乐

12月6日晚，华盛顿最高当局做出决定，不通知珍珠港守军，让珍珠港遭受日军攻击。这天晚上，罗斯福彻夜难眠，同他的主要助手一起在白宫总统客厅等待日军攻击夏威夷的第一批电报。已经知道总统秘密决定的是史汀生、诺克斯、马歇尔将军和总统的私人顾问哈里·霍普金斯。

这些主要决策人知道即将发生的事件，知道今后几天的连锁反应：向日本宣战，然后向日本的盟友德国宣战。他们没有料到并深感震惊的是日本海空部队的猛烈和威力。他们预计美军将遭受重大损失，但绝没有想到舰队被全歼，基地毁坏殆尽。

华盛顿当局和美国情报部门同当时所有的美国人一样，对"矮小的黄种人"抱有种族偏见，因此没有估计到日本的航空母舰和潜水艇具有如此巨大的摧毁力。在几个小时内，珍珠港美军全军覆没，美国至今未能忘记这一惨痛教训。这也是在战争后期，美国不经宣布便在广岛投下人类历史上第一颗原子弹的原因之一。

❖ 丘吉尔

第三章 历史问题不解之谜

❖ 白宫

Part3 第三章

阿波罗登月是真实的吗

1969年7月16日,美国"阿波罗11号"在全世界的关注下开始了月球之旅。美国东部时间7月20日下午4点18分,美国宇航员尼尔·阿姆斯特朗踏出了人类在月球上的第一步,他的那句"个人的一小步,人类的一大步"随之传遍世界。

登月成为现实

飞到月亮上去,这是人类千百年来的幻想。随着空间技术的发展,1959年,苏联发射的"月球1号"无人探测器飞到月球附近,进行绕月飞行,开始了人类对月球的探索考察。

美国最早于1958年8月18日发射月球探测器,但由于第一级火箭升空爆炸,半途夭折了。随后又相继发射3个先锋号探测器,均告失败。直到1964年1月30日发射的徘徊者6号才在月面静海地区着陆。但由于电视摄像机出现故障,没有能够拍回照片。同年7月28日徘徊者7号发射成功,在月面云海着陆,拍摄到4308张月面

> **知识小链接**
>
> "阿波罗计划",是美国从1961~1972年从事的一系列载人登月飞行任务,它是世界航天史上具有划时代意义的一项成就。工程开始于1961年5月,至1972年12月第6次登月成功结束,历时约11年,耗资255亿美元。在工程高峰时期,参加工程的有2万家企业、200多所大学和80多个科研机构,总人数超过30万人。

阿波罗登月

特写照片。随后 1965 年 2 月 17 日发射的徘徊者 8 号和 3 月 24 日发射的徘徊者 9 号，都在月球上成功着陆，并分别拍回 1 万多张月面近景照片。1966 年 5 月 30 日发射"勘测者 1 号"新型探测器，经过 64 小时的飞行，在月面风暴洋软着陆，向地面发回 11150 张月面照片。后来，美国又发射了 5 个月球轨道环行器，为阿波罗载人登月选择着陆地点提供探测数据。经过这一系列的无人探测之后，月球的"庐山真面目"显露出来了。

❖ "阿波罗"登月

1969 年 7 月 20~21 日"阿波罗 11 号"飞船载着 3 名宇航员飞往月球，其中阿姆斯特朗与奥尔德林成功登上月球，首次实现人类踏上月球的理想。此后美国又相继 6 次发射"阿波罗号"飞船，其中 5 次成功。总共有 12 名航天员登上月球。

2000 年 7 月中旬，墨西哥《永久周刊》科技版刊载了俄罗斯研究人员亚历山大·戈尔多夫发表的题为《本世纪最大的伪造》的文章，对美国"阿波罗"登月拍摄的登月照片和录像提出质疑。许多媒体纷纷转载了这篇文章，关于阿波罗登月真伪的讨论顿时火热起来。

戈尔多夫列举了几个"言之凿凿"的造假证据。他认为，所谓美国宇航员在月球上拍摄的所有照片和录像，都是在好莱坞摄影棚中制造的。其理由如下：

❖ 阿波罗登月

世界未解之谜

1. 录像资料中那面插在月球上的星条旗在迎风飘扬，而月球上根本不可能有风把旗子吹得飘起来；

2. 照片中宇航员身旁出现形状不规则、只有在多个光源下才可能出现的阴影，这在只有一个单光源——太阳的月球是不可能出现的；

3. 从录像片中看到宇航员在月球表面行走犹如在地面行走一样，实际上月球上的重力比地球上的小得多，人在月球上每迈一步就相当于人在地面上跨越5~6米；

4. 登月仪器在"月球表面移动"时，从轮子底下弹出的小石块的落地速度也同地球上的速度一样，而在月球上这种速度应该比在地球上快6倍。

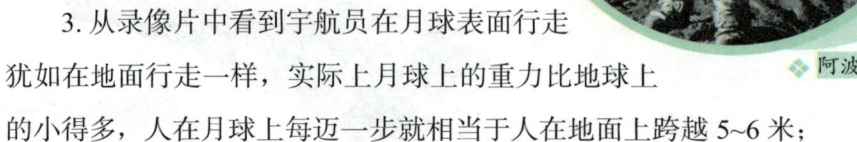
◆ 阿波罗登月

戈尔多夫认为，美国宇航员当时只是接近了月球表面，但因技术原因并未踏上月球。由于美国急于在和苏联的太空竞赛中赢得先机，因而伪造了多幅登月照片和一部分录像资料片，蒙蔽了世人几十年。戈尔多夫并没有提供新的证据，但这篇文章让很多人对"阿波罗登月"的真实性产生了怀疑。

令人生疑的不只是这些：第一个踏上月球的宇航员阿姆斯特朗对登月后的情况一直闭口不谈，就连新闻发布会和记者执行会也拒不参加；2006年8月，美国航天局对外宣称，美国第一次登月的影像资料已经失踪，美国的保安系统一向严密，如此重要的资料也会丢失，这不能不让人生疑；况且美国在冷战期间为了对付苏联政府，也曾编造过"飞碟""星球大战"等谎言，这次登月计划会不会也是美国的一场骗局呢？

◆ 阿波罗登月

这时，欧洲空间局的科学家伯纳德·富万却声称，欧洲发射的月球探测器曾经在月球表面发现过美国"阿波罗"系列飞船的登月舱。

孰真孰假一时让人难以辨别。

❖ 阿波罗登月

第三章 历史问题不解之谜

Part3 第三章
原子弹神秘消失之谜

日本偷袭珍珠港后,美国对日宣战。战争后期美国向日本长崎、广岛投下了两颗原子弹。事后有人说美国当时投下三颗原子弹,但其中一颗不翼而飞了。

三颗复仇的炸弹

1945年8月6日和9日,美国为尽快结束二战迫使日本投降,分别向广岛和长崎投下了原子弹。后来,有知情人士披露说:美国实际上为日本本土准备了三颗原子弹,其中长崎原本投放了两颗。美国果真在日本投放了三颗原子弹吗?有学者推断这种说法是真实的。

据传,1945年7月24日,美国原子弹研制中心在给马歇尔将军的报告中提出了轰炸日本的4个目标城市:长崎、广岛、小仓和新崎。直到7月底,美国军方才最后敲定将广岛和小仓当作轰炸的首选目标,其次是长崎。新崎排在备选行列。以此推断,美国最开始时准备了至少三颗原子弹,另外美国空军还安排了七架飞机参与此

> **知识小链接**
>
> 美国用原子弹轰炸广岛和长崎,也使日本人民遭受到军国主义者发动侵略战争带来的严重灾难。日本人民成为战争的受害者,同时也亲身体验了原子弹造成的无穷遗患。据日本有关部门统计,截至2010年,广岛因受原子弹伤害而死亡的人数已达26.9446万人。

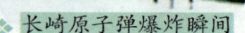
长崎原子弹爆炸瞬间

次行动。

❖ 广岛爆炸纪念地

当第一个蘑菇云在广岛的上空升起时，美国又积极着手轰炸另外两个目标的准备工作。曼哈顿计划的负责人，核专家L.R.格罗夫斯在记事本上有这样的记载："在洛斯阿拉莫斯'胖子'（美国内爆式原子弹的代号）最后处置完毕后，就用C-54型专机运到提尼安。另外两个'胖子'所需要的一些其他重要零件，则由两架B-29型飞机运送。"

从这段话中可以看出，美国在准备轰炸小仓或长崎市时，准备了两颗原子弹。

同时投下两颗原子弹

那么这次任务具体执行情况是怎样的呢？根据现有的材料我们可以想象出当时的情况。1945年8月9日凌晨4时，两架B-29轰炸机从美国提尼安空军基地起飞，它们的目标是小仓市。

当两架飞机飞到小仓上空时才发现，这里阴云密布，能见度极低，凭肉眼根本无法分辨出轰炸目标。两架飞机在小仓市上空来回盘旋了三周，最后此次轰炸任务的机长威内斯决定放弃轰炸小仓，改向第二个目标长崎。

他们飞到长崎上空后发现，这里同样云雾缭绕，不适合轰炸任务，但飞机再携带炸弹返回基地油料也不够用。于是，威内斯决定采用雷达锁定目标实施轰炸。就当他们准备投弹的时候，云层开始消散，他们眼前出现一个清晰的"窗口"，通过这个"窗口"能看清地

❖ 广岛爆炸纪念地

143

❖ 广岛爆炸后

面上的一切，轰炸员比汉抓住时机，果断地投下两颗原子弹……

这次轰炸共有3.5万人死亡，6万人受伤，这远远低于美国政府预计的死亡人数。于是美国高层提出疑问：这两颗原子弹的威力不够还是投放的位置出了问题？如果按伤亡数字推算，这只是一颗原子弹的威力。但是日本方面的报告称，美国确实在这里投下了两颗原子弹。

时任日本长崎知事上呈日本防空总部的报告是这样写的："本日10时59分，有两架轰炸机自熊本县天草方向北进，经岛原半岛西部橘湾上空入侵长崎市上空，11时2分投下附有降落伞的新型炸弹两颗。"

这么说来，投下两颗原子弹是确信无疑的，可是落地之后造成的实际死伤人数却只是一颗原子弹爆炸的效果，那么两颗原子弹只有一颗引爆，另一颗原子弹并没有爆炸。

❖ 杜鲁门

第三章 历史问题不解之谜

失踪的核弹

美国轰炸日本不久，那颗没有引爆的原子弹被找到。日本大本营接到举报后立即派人找到这颗原子弹并严密看管起来。日本军方认为，如果时机成熟的话，日本也能拥有原子弹。可是，在这次轰炸中日本帝国大学的原子加速器被破坏，这给日本的原子弹制造工作带来变数。后来，日本政府打算把原子弹交给前苏联。

◆ 长崎爆炸前的资料馆

很快，苏联方面就与日本取得了联系，苏联情报人员和日本大本营的代表进行了约见。日本对其陈述是这样的："我们完蛋了，美国使我们屈服了，但是如果原子弹为美国和你们同时掌握，我们深信日本在不久的将来，定能重新站立起来并在大国之中占有适当的位置。"据知情人士透露，日本之所以把原子弹交给苏联，是苏联方面给日本做了相应的承诺。日本的举动无疑为苏联尽早拥有核武器铺平了道路。

1949年8月29日，苏联进行了"首次闪电"核爆试验并取得成功。

这时身在美国白宫的总统杜鲁门不知所措，他一脸无奈地说："这是真的吗？是真的吗？"因为他很清楚原子弹的研制工作是多么困难。核技术应

◆ 如今的长崎

145

用到武器上的研究是由德国科学家哈恩和斯特拉曼的试验开始的，随后美国、英国和逃到美国的德裔科学家一起用了几年的努力才研制出第一颗原子弹。美国为之付出了50万人和23亿美元的代价。正是因为原子弹既耗时又耗力，所以美国人根本不相信刚刚从战争中解脱出来的苏联能在短时间内制造出来。

但是事情并没有照美国预想的那样发展。苏联从英国核技术专家法奇斯的手中得到大量的核技术信息，然后又从日本人手中得到一颗未引爆的核弹，为自己研制原子弹节省了大量的时间。

美国也把苏联快速研制出原子弹和当年轰炸长崎的事件联系在一起。当然也有一些人不同意这种说法，他们认为那颗没有引爆的原子弹是虚构的。事件的真相也许只有少数几个参与的人才知道。

❖ 杜鲁门

❖ 如今的广岛

第四章
人类文明进程之谜

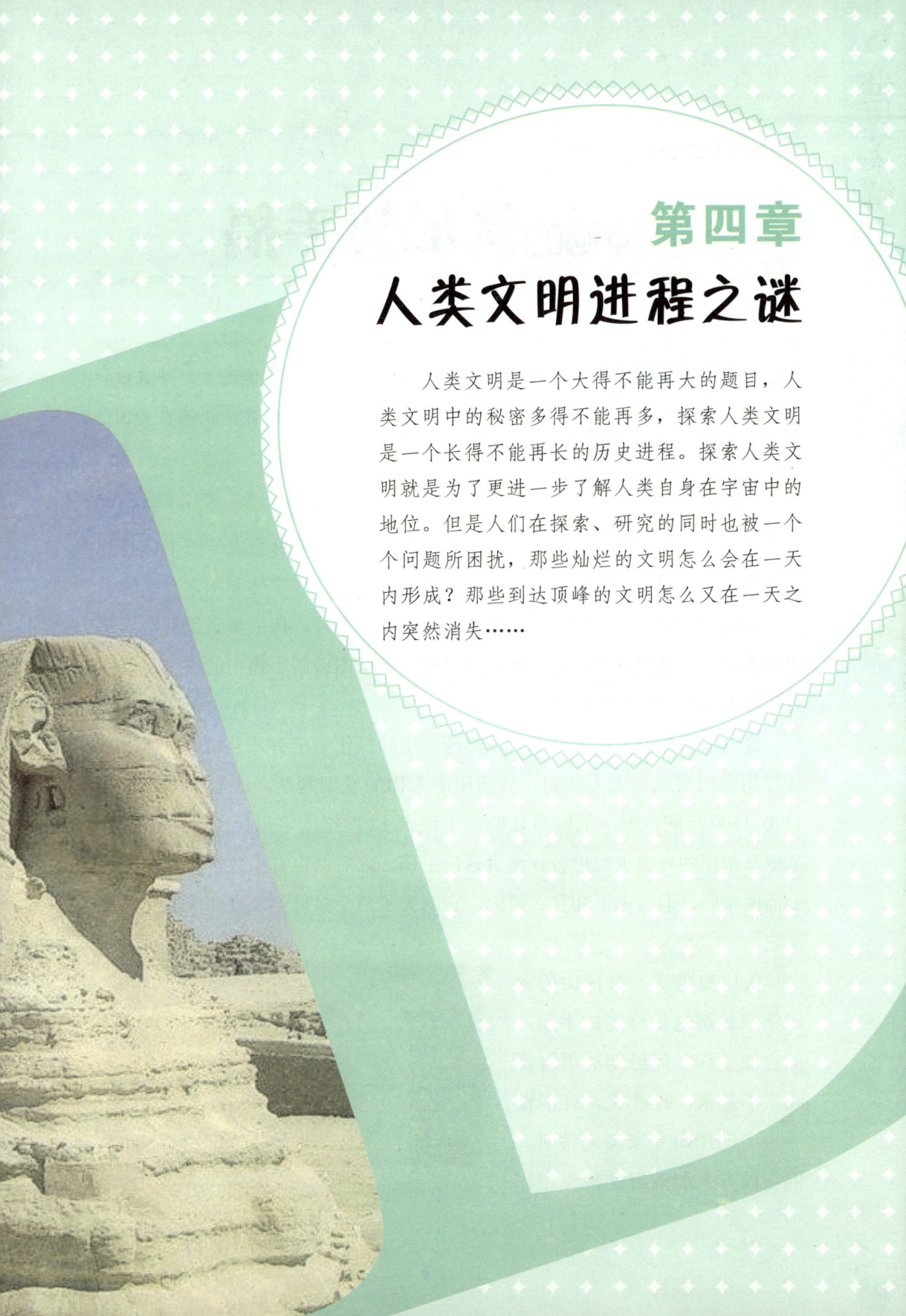

　　人类文明是一个大得不能再大的题目，人类文明中的秘密多得不能再多，探索人类文明是一个长得不能再长的历史进程。探索人类文明就是为了更进一步了解人类自身在宇宙中的地位。但是人们在探索、研究的同时也被一个个问题所困扰，那些灿烂的文明怎么会在一天内形成？那些到达顶峰的文明怎么又在一天之内突然消失……

Part4 第四章

神秘的伏尼契手稿

伏尼契手稿中有天体、幻想植物和裸女等奇怪的装饰图片，并且以奇特的文字写成，与任何已知语言都对不上。这份手稿目前收藏在美国耶鲁大学贝内克珍本书与手稿图书馆中。

1912年，美国珍本书商伏尼契在罗马附近的一所耶稣会大学图书馆找到他一生中最大的发现：一份厚达230多页，以奇怪字体和图案写成的手稿，手稿中穿插了一些植物、天体和出浴美女等图片。伏尼契意识到这份手稿的价值，于是用重金聘请世界上知名的专家试图破解手稿中的秘密，但是直到他去世也没能达成所愿。

这份手稿与中世纪炼金术士或草药医生的操作笔记有几分相似，但内容却像用密码写成，无人能识。从插图中人物的发型判断，这本书应该写于1470~1500年间，唯一能够辨认的是手稿上17世纪的字母说明，1586年神圣罗马帝国的鲁道夫二世曾收藏过这份手稿。之后，也有少数学者试图破解上面的密码，但后来不知什么原因，它消失了两个多世纪，直到伏尼契发现了它。

伏尼契聘请当时顶尖的密码学家破解这份奇特的手稿，但它似乎和任何已知的语言都联系不起来。90年来，许多世界顶尖的译码专家努力钻研，但是没有人能破解这种现在称

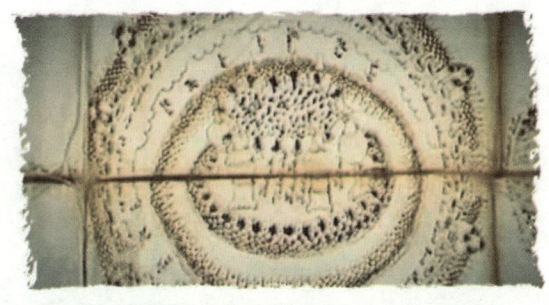
❖ 手稿插图，有人认为这是圆形的城市

为"伏尼契文"的文字，这份手稿的真面目和来源仍是个谜。破解工作毫无进展，让人怀疑手稿是否有内容可供破解。伏尼契文说不定完全没有意义，手稿也可能只是个精心设计的骗局。

❖ 伏尼契手稿

1940年，业余解码爱好者菲利和史壮运用独特的解密手段将这些文字转译成罗马文字，但是这些文字没有任何意义。在二战末期，美国军方的解码人员也曾利用业余时间破解过伏尼契手稿，但是最后也不了了之，因为这份手稿是他们唯一破解不出的东西。

因此有人推测这份手稿是用来诈财的骗局，或是某个疯狂炼金术士的信手涂鸦。手稿在语言学上的复杂程度，似乎可以反驳这种说法。手稿中的文字，除了会重复出现，其本身的组成结构也相当有规律性。例如经常出现的音节 qo 一定位于前缀；chek 这个音节有时会出现在前缀，但如果和 qo 出现在同一个字中，chek 一定会在 qo 之后。常见的音节 dy 通常出现在字尾，偶尔会出现在前缀，但从来没有出现在字的中间。

虽然几个世纪来人们付出了许多努力，但伏尼契手稿仍是一本无人能懂的"天书"。

❖ 罗马

第四章 人类文明进程之谜

Part4 第四章

神秘消失的哈拉帕文明

20世纪初，人们普遍接受的观点认为，在印欧语系民族到来之前，印度无史可言。

1922年，考古学家在印度河流域突然发现了一处奇特的文化遗址，这一文明的发现把印度的历史整整提前了1500年左右。这段文明被人们称之为哈拉帕文明，它和其他远古文明一样，最主要的特点体现在发达的农业上。除了种植以小麦和大麦为粮食的农作物外，还种植紫花豌豆、甜瓜、芝麻、椰枣和棉花等经济作物，这说明哈拉帕时期的人们就已经懂得使用棉花织布了。除农作物外，他们已经懂得驯养狗、猫、牦牛、水牛、马、驴等现代饲养的牲畜，并已经有原始的贸易出现。在遗址中发现的一枚2300年前的印章，与美索不达米亚文明有直接联系，说明两个不同的文明社会在那个时候已经展开通商。

哈拉帕文明的标志是工艺品和精美的图章，这种图章通常以滑石为原料，上面刻有独具特色的图案，有常见的动物，如象、虎、牛、羊等，也有幻想中的图案，当然也有人形。在这里人们发现过一些石雕作品，也是以人或神为创作素材。除此之外，也曾挖掘出以动物为原型的赤陶作品。

让人匪夷所思的是，这种具有一定规模的文明突然消失了。对它的消失，后世

❖ 哈拉帕文明

第四章 人类文明进程之谜

知识小链接

距今四千多年之前，以印度河流域为中心，方圆 50 万平方千米的土地上，兴起了一个高度发展的文明，大量用火砖盖起的房屋，规划严整的城市建设，先进的供水系统和排水系统，2500 多枚刻有文字图形和其他图形的印章……这就是被印度学专家称为"印度文明第一道曙光"的哈拉帕文明。

也没有留下只字片语的描述。

有人猜测可能遭受外部族的入侵导致哈拉帕文明的衰亡。据史料记载，公元前 2000 年左右，摩亨佐·达罗城就曾遭到外部异族的侵略，一场厮杀抢掠之后，这里成为一座空城。入侵者是哪个部族，还有待进一步考证。不过在印度一部远古著作《梨俱吠陀》中提到古代雅利安人曾攻打过印度河地区，书中详细描述了雅利安人攻打原住民的经过，形容他们攻城像"时间销蚀一件袍子般"。现在印度历史学家公认的是摩亨佐·达罗城在遭到侵略前就已经破败不堪了，城内建筑粗劣破旧，经济上严重衰退，文化出现严重倒退，如果真是这样，雅利安人侵略说是可信的。

最近几年，又有人提出这一文明是遭受了自然灾害而消亡的。他们的证据是这里的地下火山活动频繁，从地下涌出的泥浆、沙子堵塞了河道，形成一个很大的堰塞湖，湖水溃坝后将摩亨佐·达罗城淹没了。许多年后，河道又恢复了原来的面貌，但是摩亨佐·达罗城已经不复存在了。从摩亨佐·达罗城的遗址上覆盖的一层一层的淤泥判断，这种灾难至少有五次发生在这座城上。再加上外部势力的侵略，最终造成了哈拉帕文明的消失。

虽然哈拉帕文明已经不存在了，但它依旧是印度文化和人类文明史中重要的一环，早日揭开它的神秘面纱，将为研究人类文明和人类进化史提供重要的史料。

◆ 哈拉帕文明

世界未解之谜

Part4 第四章

苏美尔文明起源自哪里

历史学家普遍认为,苏美尔人生活的地区开创了地球文明的开端,后来的玛雅文明有些地方类似于苏美尔文明。

苏美尔文明在底格里斯河和幼发拉底河流域的出现与消亡留给世人太多的困惑:他们使用的楔形文字是谁创造的?那种结构复杂的宝塔式建筑技术又是从哪里学到的?

严格来说,苏美尔文明属于城市、城邦文明。他们是历史上最早建立城市的民族。公元前4300~公元前3500年,一些大城就出现在这里,苏美尔人在两河流域广博的平原上建立了很多城市,标志着两河流域文明的初步形成。这也标志着苏美尔文明是东方文明甚至是世界文明的发源地。

苏美尔城市处于美索不达米亚的广阔地区,但是几千年来这里自然环境一向非常恶劣,不太适合人类居住。这也是困扰现代史学家的问题之一:苏美尔人是怎么在这么恶劣的自然环境下创造出灿烂的文明的?

代表苏美尔文明的重要特征是出现的成熟的文字。考古学家在基什附近的奥海米尔土丘

> **知识小链接**
>
> 美索不达米亚文明,也叫两河文明或两河流域文明,指在两河流域间的新月沃土——底格里斯河和幼发拉底河之间的美索不达米亚平原发展起来的文明,是西亚最早的文明,而苏美尔人则是这一文明的伟大创建者。

❖ 苏美尔文字

152

挖掘出一块公元前3500年前的石板,上面刻着复杂的图画符号和线形符号。考古学家认定这是人类迄今所知最早的文字。苏美尔人不但发明了人类最早的文字,还掌握了早期的农耕、灌溉、建筑等技术,另外还建立了完善的法律,在数学、天文和管理方法上都有了系统的研究。这些文明是需要长时间积累才能获得的,可是苏美尔人在很短时间内就掌握了这些发明。人们不禁追问:是谁教会他们这些技术的?

苏美尔人雕像

美国太空专家卡鲁·赛甘博士认为,苏美尔人一定是获得了地球外文明的帮助才变得如此聪明的。他的推断依据是巴比伦祭司罗梭斯编写的《巴比伦史》中的话,这本书写于公元前3世纪,书中写道:在遥远的太古时期,两河流域的人们过着原始的生活,与普通的野兽没什么区别,这时一种拥有高等智慧的生物出现在波斯湾地区。他们长相与人相似,能使用语言和人交流,他们生活在海里,像地球上的水陆两栖动物,而且不见他们吃任何东西。白天太阳升起时,他们就会出现并教人类数学、天文、几何、自然等知识,太阳落山时他们又会返回海里隐藏起来。卡鲁·赛甘博士推测,早在公元前4000年以前,这些高智能生物就与人类有了接触,而交流的地点正是现在的波斯湾,苏美尔文明的遗址也大多出现于此。

在艾力多遗址上出土的黏土板文书"苏美尔王名表"上有这样的记录:艾力多是天降王权之教,后毁于大洪水。卡鲁·赛甘博士从文书中描写的欧亚奈斯生物的体貌特征判断"如鱼般的身体"可看成是太空衣或潜水衣;"鱼头下的别的头"可看作外星人的太空帽或潜水帽,若果真如此,

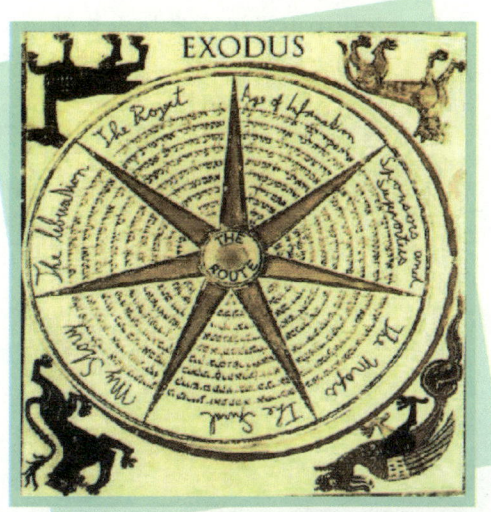
苏美尔文明太阳历

❖ 苏美尔文字

那么一个清晰的外太空智能生物的形象就展现出来了。对于卡鲁·赛甘博士的说法，有人表示了认同，当然也有人提出了疑问。

还有些人的看法更直接，他们认为与其说苏美尔文明是在外星人的帮助下形成的，不如说苏美尔文明是在消失前被外星人殖民统治了一段时期，"大洪水"过后，苏美尔文明一部分被保留了下来。这些人依据美索不达米亚、希伯来、埃及等中东国家地区的历史文献和《圣经》都提到的"塞姆"一词来判断，因为这个词不管用在哪个国家的书籍中，它都有神或人类升天的意思。"塞姆"在苏美尔文明绘画中有"垂直上升之物"的含义，由此推断，它应该类似于火箭或太空飞船之类的飞行物。在巴比伦古老的赞歌中有一句这样的话："天上的贵妇人乘坐'塞姆'飞行在人类居住的土地上……"还有巴比伦古代的文化中也常见有类似火箭的物体出现在绘画、浮雕中。

❖ 苏美尔文明建筑

苏美尔文明真的与外星文明有着千丝万缕的联系吗？各国的学者们仍旧在探索，希望早日了解那段时间的真相。

Part4 第四章

"编筐文化"消亡之谜

> 阿纳萨齐人是美国西南部的远古居民。早在哥伦布发现美洲大陆之前,他们就在以贫瘠著称的"四角"地区,即犹他、科罗拉多、亚利桑那和新墨西哥州交界的地方,创造了高度的文明。

阿纳萨齐人是作为编筐人的社会出现在美国西南部的部落,时间大约是在公元前100年。那时,他们还没有掌握熟练的农业生产技术,可是他们练就了一手高超的编织技术,在此后的数百年里,步入了一个以"编筐文化"著称的辉煌时期。公元400年左右,阿纳萨齐人已经居住在半地下的地穴式永久性住所里。他们的村庄规模得到延伸,并掌握了初步的农业知识。此外,他们在发展编筐业的同时发展了制陶技术,成为美国西南部地区第一个能够制造各种形状和大小陶器的部落。

大约公元700年,阿纳萨齐人又创造了以"崖壁上的城镇和公共住所群"为象征的高度文明。其中,以新墨西哥的普韦布洛博尼托和科罗拉多的梅萨弗德两地最为著名。在新墨西哥查科峡谷地区,他们曾建立了以一个或更多的公共住所建筑为特征的12个城镇,这些城镇的建筑一般都有4~5层,使用的是未经打磨的天然石头和泥灰浆建造,牢固而耐久。普韦布洛博尼托就是这些建筑的杰出代表,它拥有完好无损的800套公共住所,一部分至今仍巍然屹立在崖

▶ 失落的阿纳萨齐文明

世界未解之谜

壁上。阿纳萨齐人对建筑学和营造技术的贡献是杰出的，其文明不愧为印第安文化中的一颗璀璨的明珠。

公元1300年左右，正值阿纳萨齐人达到其文明的顶峰时，突然急速衰落。究竟是什么原因导致他们衰落，后世也是众说纷纭，以致成为万古不解之谜。学者们为此进行了多方探讨，提出了种种猜测。有的说是由于人口过剩，有的说是外敌入侵所致，也有的说原因在于1276～1297年袭击美国西南部的大旱，因为阿纳萨齐人没有完善的灌溉系统，完全靠天吃饭，大旱使他们遭受严重的灾害，不得不向其他地区迁徙。由于这些各执一词的假说缺乏有说服力的证据，因此很难得到大家的公认。争论也许会继续下去，但它无疑是弄清问题真相的线索。

❖ 梅萨弗德位于科罗拉多州西南侧，是阿纳萨齐人的家园

❖ 科罗拉多

Part4 第四章

古埃及木乃伊制作揭秘

> 古埃及人不论贫富贵贱，死后都要被制成木乃伊。这是因为古埃及人相信，人是由躯体和灵魂构成的，即使在阴间的世界里，死者仍需要自己的躯体。尸体并非"无用的躯壳"，只要这个躯壳一直保存完好，就可以一直用下去。

制作木乃伊的技术，在长期的实践过程中逐渐积累和提高起来。古埃及人没有为后人留下有关木乃伊制作方法的记载。于是，揭开木乃伊的制作秘密就成为很多科学家的研究重点。最近，美国得克萨斯州A&M大学的研究人员声称，他们揭开了木乃伊制作的秘密。

人死后，他的尸体首先被送到一个被称为"衣部"的地方净化。尸体被苏打水清洗过后，就送到叫"洼拜特"（意为纯洁之地）或"培尔·那非尔"（意为美丽之屋）的地方，完成香料的填充。然后是木乃伊的制作。

关于这方面，希罗多德给我们留下了详尽的资料。

知识小链接

古埃及人笃信人死后，其灵魂不会消亡，仍会依附在尸体或雕像上，所以，法老等死后，均制成木乃伊。作为对死者永生的方法或用香油（或药料）涂尸防腐的方法，以古埃及的木乃伊最为著名。古代埃及人用防腐的香料殓藏尸体，表示对死者的敬意。

❖ 古埃及木乃伊

第一步：用融化的松脂涂在面部，保护面部形象，防止它干燥得太快。

第二步：对脑浆进行处理。工匠把凿子从左边鼻孔塞进去，将筛骨捣碎，再用工具在颅脑中转动破坏脑髓，用一根很细小的长柄勺从鼻孔里伸进大脑将脑浆舀出来，最后把一些药物和香料塞进空空的头骨中去。脑浆一般不保存。

第三步：先是在肚皮左侧切口取出胃、肠、肝、肺等内脏，然后用棕油做清洗液，洗净胸腔腹腔。以上器官有时也被整齐地包在松脂团里放入木乃伊的腹中，有时分装在有盖小罐里，再将罐放入腹中。

第四步：脱水。这是很重要的干燥程序。工匠们先将尸体腹中填进用布包的泡碱和其他临时填充物，然后把它置于干燥的泡碱粉里约40天，待吸干了水分后，取出里面的填充物，改放用碾碎的没药、桂皮、泡碱、锯末等填充的布包，最后细心地缝上切口，贴上一块画有荷拉斯眼睛的皮，因为古埃及人相信这种皮有强大的愈合力和保护力。

第五步：化妆整形。为了保持木乃伊皮肤的柔软性，于是选择性地涂上

❖ 希罗多德塑像

❖ 文明古国埃及

牛奶、葡萄酒、香料、蜂蜡、松脂和柏油混合物，给皮肤美容。木乃伊的眼睛则用亚麻和石头填上，非常生动、形象。最后在干尸上涂一层松脂防潮，化妆师还在木乃伊的面颊上扑上一层胭脂红，头上戴好编辫的假发套，穿好衣服，配上最好的珠宝。

❖ 古埃及法老拉美西斯二世木乃伊

第六步：包裹。古埃及人认为包扎尸体是充满险恶的，于是就以祷告伴随整个包裹过程（一般为15天）。包扎尸体的手每动一下，就伴有一次庄严的祈祷或神奇的符咒，同时把护身条符放在亚麻绷带间。他们很重视将其放在心脏位置处，而护身符一般都用绿色石头做成圣甲虫或人心的形状，上面刻着"保持死者的心，使它不产生危害主人的东西"之类的词句。其他的护身符则紧贴放在木乃伊的身体上，或裹进亚麻布里。

古埃及人制作木乃伊的技术到二十一王朝时达到顶峰，其中某些技术今人也无法企及，更不用说超越了。

古埃及

世界未解之谜

Part4 第四章

人类是否起源于东非

最早提出人类起源于非洲观点的是达尔文，因为他于19世纪后期在非洲发现了人科的化石。但是这种化石在亚洲也有发现，所以人类到底来自于亚洲还是非洲的争论便一直不休。

人类来自哪里？宗教界说是上帝创造的，古代中国神话里说人是女娲用泥捏出来的。达尔文的进化论提出后，部分科学家相信人类是由古猿类进化而来的，这一说法得到大多数人的认同。如果人类是由古猿进化来的，那么人类的发源地范围只有两个：东非高原和位于中国西南的山地地区。

起源地之争

古人类学家针对人类起源自亚洲还是非洲的问题争论了一个多世纪。1924年人们在非洲找到第一个幼小的南猿头骨，之后的80年间里，人们又相继发现了一些人类化石，这些化石可以构成一个完整的体系。亚洲出土的化石相对就显得很单薄了，所以大多数古人类学家都支持人类起源于非洲东部的观点。

东非大裂谷有着非常复杂的地质地貌：既有云雾缭绕的山峰，又有广阔无垠的海洋；既有一望无垠的平原，又有黄沙漫天的沙漠。东非大裂谷形成初期，

❖ 达尔文

地球表面正逐步从温暖走向寒冷，但那个时候地球还保持着较高的气温，所以雨水充沛，到处都是河流。这为植物提供了天然的养分，所以这里生长着成片的森林。在森林里，生活着许多灵长类动物，据考古证实，在东非大裂谷附近的维多利亚湖区域，是古猿类活动的场

◆ 东非大裂谷

所。这里经历几十个世纪的演变，茂密的森林开始退化，大草原开始出现。新的自然条件迫使长期生活在森林里的古猿们逐步适应草原生活。后来东非大裂谷又发生了强烈的地质运动，这让古猿们不得不改变以往的生活习性，开始学着直立活动，并最终形成早期的古人类。到了几百万年前，古人类开始在这里繁衍生息。

1929年底，位于中国北方西南周口店地区发现了一个古猿人头盖骨，这就是世界闻名的北京人头盖骨。此后，中外考古学家在中国又陆续发现了大量的猿人、智人化石，像距今180多万年的四川巫山县猿人、距今170多万年的云南元谋人、距今90多万年的陕西蓝天猿人。伴随着猿人化石出现的还有大量的石器，这些化石的出土证明了从北京猿人到现代亚洲人的进化中间没有断层，形成了一个完整的进化体系，这对人类非洲起源论形成了巨大的挑战。

◆ 女娲雕像

摆脱非洲说

虽然中国出土了大量有价值的化石，但目前世界上的考古专家还是不认可黄种人有独立的起源之说。他们中的一些人认为，非洲的古猿人在大约200万年前开始向北迁徙，他们成批地聚在一起迁移，一边探险，一边定居。他们每到一处都不得不适应新的自然环境，既要防备这里出没的各种野兽和毒虫，又要适应

世界未解之谜

新的食物。他们经过长途跋涉，克服种种困难，在大约 180 万年前，一部分猿人来到了中国南部，并逐步取代了原有的古人。在中国"巫山人""元谋人"等遗址上，都能找到早期人类迁徙的痕迹，大约在 10 万年前，各大洲都已经有了非洲智人的足迹，他们在那里繁衍进化，成为各洲人类的祖先。

❖ 东非大裂谷

20 世纪 60 年代，西方人类学家来到非洲地区进行研究发掘，他们先后来到坦桑尼亚、肯尼亚、埃塞俄比亚等国家，并有了重大发现。距今 3000 万年前的埃及古猿化石、距今 2000 多万年的森林古猿化石、距今 1000 多万年的腊玛古猿化石先后被发现，而且还有大量的智人化石，这些化石比中国出土的化石还要古老。因此，他们认定人类的起源地是在非洲无疑。

但中国从古猿人到现代人的化石能够形成完整的体系，这在其他地方是不多见的，所以中国学者认为人类的起源地应该不止非洲一个，而中国也是人类重要的起源地之一。究竟谁对谁错，还需科学家们进一步的研究探索。

❖ 维多利亚湖

Part4 第四章

诺亚方舟真的存在吗

> 诺亚方舟存在于《圣经》故事里，它拯救了地球上的人类和生物。一直以来人们只把它当作是故事里的事物，很少有人考虑过它的真实性，但是它是否真的存在却吸引着一些人的注意。

《**圣**经·创世纪》开篇的故事是这样的：亚当和夏娃由于受到蛇的蛊惑，偷吃了伊甸园的圣果，结果被上帝发现并将他们逐出了伊甸园。他们后来繁衍了子女，子女越来越多就成为人类的祖先。人们为了生活开始学会残暴，并相互残杀，怨恨和丑恶在人类社会中滋生。

上帝看到这种情况，后悔当初创造了人类。但人类当中也有一部分人是心地善良的，这些人还劝诫那些残暴的人们，要停止杀戮，学会包容，这里面就有诺亚一家。于是上帝决定留下诺亚一家，并告诉诺亚他要发动一场大洪水来消灭这个已经败坏的世界，只给诺亚留下有限的生灵。

上帝要求诺亚用歌斐木建造方舟，并把舟的规格和造法传授给诺亚。此后，诺亚一边赶造方舟，一边劝告世人悔改

❖ 19世纪中后期古斯塔夫·多雷所绘的诺亚方舟

世界未解之谜

其行为。诺亚在独立无援的情况下，花了整整120年时间，终于造成了一只庞大的方舟，并听从上帝的话，把全家八口搬了进去，各种飞禽走兽也一对对赶来，有条不紊地进入方舟。7天后，洪水自天而降，一连下了40个昼夜，人群和动植物全部陷入灭顶之灾。除诺亚一家人以外，亚当和夏娃的其他后代都被洪水吞没了，连世界上最高的山峰都低于水面7米。

上帝顾念诺亚和方舟中的飞禽走兽，便施法停止了大水，又使风吹水，水势渐渐消退。

◆ 象征和平的鸽子

诺亚方舟停靠在亚拉腊山边。又过了几十天之后，诺亚打开方舟顶上的一扇窗户，放出一只乌鸦去探听消息，但乌鸦一去不回。诺亚等不到乌鸦，就把一只鸽子放了出去，要它去看看陆地上的水势。由于到处都是大水，鸽子找不到落脚之处，只能飞回方舟。7天之后，诺亚又把鸽子放出去，到了傍晚，鸽子终于飞了回来，它嘴里衔着一枚橄榄叶，这是鸽子从树上啄下来的。诺亚大喜过望，因为他知道地上的水已经消退了。后世的人们开始用鸽子和橄榄枝来象征和平。

方舟在哪里

虽然这只是《圣经》里描写的故事，但人们按照书中的记载，真的找到一些与方舟有关的线索。

《圣经》叙述洪水过后，方舟最后停靠的地点是位于土耳其东部的阿勒山。

> **知识小链接**
>
> 《圣经》从最早成书的约伯记（约公元前1500年）到最后成书的启示录（公元90~96年之间），历经1600年左右，共有超过40个作者。这些作者多为犹太人，其文化水平、身份地位和职业各有不同，其中有君王、先知、祭司、牧人、渔夫和医生等。

为了研究方舟是真实存在的还是传说，弗吉尼亚州里士满大学教授鲍彻·泰勒开始了为期13年的考察。泰勒借助先进的卫星遥感技术，利用了飞机航拍、侦察卫星、商业遥感飞行器等先进设备拍摄了大量珍贵的照片。借助照片上清晰的图像，泰勒教授在阿勒山山腰处被冰雪覆盖的区域找到一片与周围迥然不同的区域。让专家们兴奋的是，这片区域的大小与《圣经》中描述的方舟的大小相吻合。这为人们寻找诺亚方舟提供了重要的线索。但是要找到方舟的遗迹仅靠一张照片还是缺少说服力的，还需要更有力的证明才能证实诺亚方舟真的出现过。

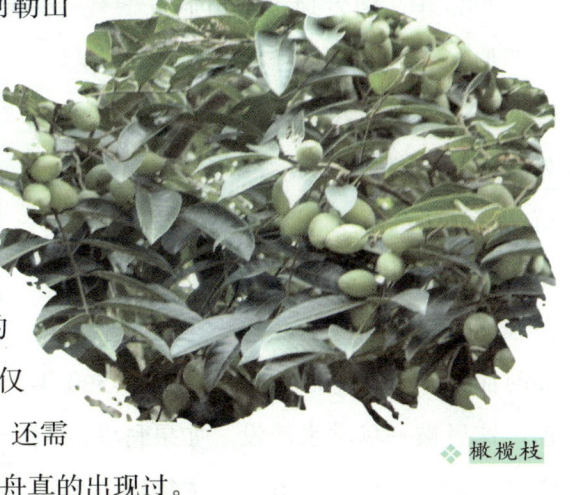
❖ 橄榄枝

1973年美国一颗商业卫星也捕捉到终年冰封的阿勒山上出现了一块呈长方形的"异物"，它的形状与《圣经》中描述的方舟十分相似。

美国航空航天局的科学家在研究中也有了新的发现，他们发现的地方位于中美洲的热带雨林深处，那里曾是1000多年前玛雅文明的遗址，这一遗址中也出现"不规则区域"。但这个"不规则区域"是自然界的天然地质构造，还是人类活动留下的痕迹，还需要人们做进一步的考证。

❖ 传说中的诺亚方舟

世界未解之谜

2000年，因发现"泰坦尼克"号残骸闻名于世的探险家罗伯特·巴拉德率领着一支探险队在黑海海底发现了人类居住过的遗迹。这处遗迹位于距土耳其沿岸19千米的黑海，在海平面下93米处，探险队找到一个长方形的地基，房屋的木质结构一半散落在淤泥里。据考证，这些建筑属于新石器时代到青铜时代的过渡期，大约7500年前，这里被一场洪水淹没。如果科学的判断是正确的，那么《圣经》中描述的大洪水就是真实存在的了，那么诺亚方舟也是真有其事吗？这还需要人们进一步去探索和研究。

❖ 诺亚方舟绘画，描述诺亚建造船时的故事

❖ 土耳其

Part4 第四章

罗马城真是一天建成的吗

> 罗马是西方文明中重要的一环,考古学家在研究过程中有了重大发现,他们发现罗马城有可能是在一天之内建成的。

考古学家据史料推测,罗马城是在公元前625年8月13日这天开工建设并于日落之前完工的。他们的证据来自于朱丽叶斯·凯撒亲自签署的文件合同。

合同上是这样描述的:我们巴比伦人同意在公元前625年8月13日这天为罗马帝国动工建城,并于当天完成建设,如果我们不能按期完成工程,甘愿受到凯撒大帝的任何惩罚。

考古学家为了验证这段历史的真实性展开了假设。如果工匠没有完成,他们一定会按照古罗马时候的惩罚手段,砍下头颅喂狮子。但是考古学家在罗马城附近并没有找到任何人类脑袋残渣的化石,这是不是说明巴比伦人真的在一天内为罗马人建筑了罗马城?

但是,一些人对于凯撒这份合同的真实性持怀疑态度。科学家正试图利用科学仪器辨别出这份合同卷轴的真正年份。

读者们如果学过欧洲历史,一定知道罗马帝国的地域广阔,其中罗马城由几个城市和小镇组成,里面还包括有博物馆、大教堂、大剧场

❖ 古罗马斗兽场

世界未解之谜

等，这些建筑如果在一天之内建成，完全是不能想象的。

现代建筑师弗雷德参观过罗马城后认为，这样的城市不可能在一天之内完成。这样宏伟的工程，以当时的施工技术推算，至少需要上百年的时间。如果罗马城在一天内建成的传言是真实的，他们又是利用了什么技术来完成这件不可思议的事情呢？

◆ 古罗马建筑

历史学家罗杰斯提出了自己的看法，也许巴比伦人依靠外部力量真的在一天之内完成了罗马城的建设。但是他们应用了什么力量？这可能和金字塔一样是个千古之谜，埃及金字塔的建造也让当代建筑学家感到困惑，古埃及人运用了几百万的奴隶，先修建了金字塔，然后又建造了狮身人面像和希尔斯塔，这么多宏伟的建筑，就算放在当代，使用同样多的劳动力也是完不成的。可是古时候的人们利用了什么技术呢？

◆ 古罗马

Part4 第四章

奥林匹克运动怎么形成的

第四章 人类文明进程之谜

> 奥林匹克运动会最早起源于古希腊，因举办地在奥林匹亚而得名。奥林匹克运动会现在已经成为和平与友谊的象征，它是一种融体育、教育、文化为一体的综合性、持续性、世界性的活动。

希腊南部有一座美丽富饶的小岛——伯罗奔尼撒半岛，这里有一片神奇的山谷，人们称之为奥林匹亚，它就是现代奥林匹克运动会的发源地。古希腊有着许许多多美丽的神话故事，而奥林匹克运动会同样拥有动人的故事。

知识小链接

1948年1月，国际奥委会在第42次全会上将每年的6月23日定为奥林匹克日，举行庆祝活动，纪念国际奥委会的诞生，宣传奥林匹克理想，推动普及运动。自1987年起，国际奥委会发起了"奥林匹克日长跑"。

奥林匹克的传说

传说古希腊伊利斯国王想为女儿挑选一个满意的夫婿，怎么挑选呢？国王想出一个办法，他下令凡是应选者都要和自己比赛格斗，结果13个青年惨死在国王的长矛之下。宙斯有一个孙子名叫佩洛普斯，他和国王的女儿处于热恋之中，为了娶到心爱的姑娘，佩洛普斯与国王进行了一场激烈的比赛，最终佩洛普斯依靠过人的胆识和智慧取得了胜利。佩洛

◆ 奥林匹亚遗址

169

世界未解之谜

▲ 奥林匹斯山

普斯和公主在奥林匹亚举行了一场盛大的结婚仪式。为给婚礼助兴,婚礼上还特意安排了战车、角斗等比赛,这就是奥运会雏形,佩洛普斯则成了传说中奥运会的创始人。

还有一个有关奥运会的传说。宙斯有个力大无比的儿子叫赫拉克勒斯,他的外号就是"大力神"。一天,他在伊利斯城只用了半天工夫就扫干净了堆满牛粪的牛棚,这是常人不可能完成的任务。可是伊利斯城的国王却违背了赠与赫拉克勒斯300头牛的诺言,赫拉克勒斯一生气便将国王赶走了,为了庆祝胜利,他在奥林匹亚举办了运动会。

真实的奥林匹克

事实上奥运会的起源和神话一点关系也没有,因为古希腊非常信奉诸神,希腊人普遍认为诸神生活在希腊的最高峰——奥林匹斯山上。希腊人尊崇的诸神之神是宙斯,因此,古希腊人在奥林匹亚专门为宙斯建造了一座宏伟的建筑——宙斯神殿。这座神殿也是希腊人祭拜宙斯的神坛,奥林匹亚也成为远近闻名的朝圣圣地。

古希腊和地中海地区的人们在收获的季节往往举行盛大的祭典仪式,在祭典仪式上人们还会举行各种游乐竞技活动,场面十分热闹。最初的集会常常分散在全国各地,时间也不固定,但在奥林匹亚举行的集会规模最大。人们为了表示对宙斯和诸神的尊重和感恩,每隔四年时间,希

▲ 奥林匹亚遗址

腊各地都会派出代表参加盛大的朝圣典礼，并举行盛大的节日盛会。盛会上由各地派出的人员进行文艺表演，这些文艺表演最后演变成现在的很多体育形式。

到了公元前9~公元前8世纪，希腊慢慢由奴隶社会转变成氏族社会。这些氏族城邦没有统一的君主，各自领导自己的领地。为了争夺更多的土地，各城之间战争不断。为了补充优秀兵源，各城积极招收青壮年扩充军力。较有名的斯巴达城儿童从小就由国家负责抚养，培训内容主要以军事为主，这样培养出来的士兵都是体格健壮、能征善战的优秀军人。战争不仅促进了军事发展，也在一定程度上促进了体育运动的发展。

❖ 宙斯神像

长年累月的战争让普通百姓苦不堪言，人们都渴望停止战争，有一个和平的生活环境，他们怀念老一辈们举办的奥林匹亚运动会。于是，在伊利斯城邦国王带动下，几个城邦的国王达成一项决定：定期在奥林匹亚举办运动会，在运动会举办期间实行"神圣休战日"。"休战日"期间，任何城邦不得发动战争，"休战日"为期三个月。每逢奥运会举办前，由伊利斯城邦派

❖ 奥林匹亚宙斯神殿

第四章　人类文明进程之谜

出三名特使，他们手持节杖，头上戴着象征和平的橄榄枝头冠，前去希腊其他诸城，宣布神圣节日的开始，并诚邀各城派出代表参加此次盛会。按照约定，此时各城禁止开战，即使正在激战的城邦也要停止战争。从此，这一盛会又重新在希腊恢复了生机。时间长了，这一为准备兵源的军事性的盛会慢慢演变成和平与友谊的体育赛事。公元前776年，出现了以文字形式记载的获奖者的姓名，这是第一次文字记录的获奖名单，这也被看作是古代奥运会的开端。

◆ 奥林匹亚宙斯神殿

古代奥运会远没有当今奥运会那样舒适的举办环境，有些地方的观众为了参加奥林匹亚运动会不得不跋山涉水，克服种种恶劣的自然环境才能来到奥林匹亚圣地，这真是体力和内心的双重考验。

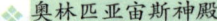
◆ 奥林匹亚宙斯神殿

Part4 第四章

迷雾重重的玛雅文明

第四章 人类文明进程之谜

> 玛雅文明是拉丁美洲古代印第安人文明，为美洲古代印第安文明的杰出代表。约形成于公元前2500年，主要分布在墨西哥南部、危地马拉、巴西、伯利兹以及洪都拉斯和萨尔瓦多西部地区。

1893年，美国考古探险家斯蒂芬斯带领助手深入到洪都拉斯一处茂密的丛林中，在这里他们有了惊奇的发现，一座古老城堡的废墟就屹立在这里，上千年来第一次被人类发现。后来证实，这座荒废的城堡就是玛雅文明的遗迹。

虽然被风吹雨淋了上千年的城堡已经变得残破不堪，但丝毫掩盖不住残垣断壁上精美的雕刻痕迹。古堡中有石板铺就的马路，马路两旁还有精心设计的排水管道……这表明这里曾经是一个高度发达的城市。

丛林中发现玛雅遗址的消息一经披露，立即引起世界考古界的兴趣。广无人烟的丛林与精美的人工遗迹形成巨大的反差，令人震惊，一时间世界各国的考古专家们蜂拥于此，足迹遍布南美大陆的许多国家。

据考察，在公元前1000年前后，玛雅人在此

知识小链接

根据玛雅历法的预言传说，我们所生存的世界，共有五次毁灭和重生周期——每一周期即所谓的"太阳纪"。按照这一传说，现在我们正处在第四个"太阳纪"，而2012年12月21日将是"第五太阳纪"的开始，这一天一定是世界末日。但事后我们知道是玛雅人跟现代人开了一个天大的玩笑。

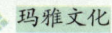
玛雅文化

世界未解之谜

修建了多达 70 个城市，开创了辉煌一时的远古文明。到公元 8 世纪时，墨西哥南部的尤卡坦半岛、危地马拉、洪都拉斯以及秘鲁的部分地区都有玛雅人的足迹。考古专家表示，在这片广阔的土地上，玛雅人生活了数千年之久，他们过着富足的农耕生活，并创造了玛雅古文字。

金字塔之谜

在墨西哥的特奥蒂华坎，有一片茂密的野丛林，如果不是有两座金字塔的出现，这里会与其他地方一样平常无异，这两座金字塔就是闻名于世的太阳金字塔和月亮金字塔。这两座建筑被视为玛雅文明的代表。

东面的金字塔被称作太阳金字塔，它的大小与埃及的胡夫金字塔相仿，分为 5 层结构，高 65 米，塔基长 225 米，宽 222 米。从底部可以通过 236 级台阶直达塔顶，登上塔顶，整个城市的美景一览无遗。塔顶有座金碧辉煌的建筑，称之为太阳神庙，神庙正中供奉着一尊高大的太阳神像。神像端庄肃穆，面向东方，它的胸前佩戴着由许多金银珠宝组成的装饰物，在阳光照射下发出璀璨的光芒。相传在古代，每逢

◆ 玛雅石板

◆ 月亮金字塔

❖ 太阳金字塔

重要节日，当地人都会聚集到这里举行祭祀仪式。他们祭祀时用的是活人祭，即把一个精心挑选的人绑在牺牲石上，当场剖膛取心，把鲜活跳动的心脏奉献给太阳神。

与太阳金字塔相望的是月亮金字塔，它要比太阳金字塔略小，高 43 米，塔基长 150 米，宽 120 米，塔顶上原本有一座月亮神殿，但它已经消失在岁月的长河里不见踪影了。

两座金字塔的主体部分都是用泥土和沙石堆砌而成，墙身光滑平整，有的石板上还装饰有精美的图案，更增添了金字塔的艺术性。

可以想象，当初为了建造金字塔，玛雅人要跑遍太平洋和哥第拉等地寻找石料，让人诧异的是这些地方与现在金字塔所在的位置没有道路和车轮辗过的痕迹，那么他们是怎么将石料运到此处的呢？科学家们用了种种假设都认为这是不可能完成的任务。而更让科学家们迷惑的是玛雅人掌握的天文和数学知识，比欧洲要先进几个世纪。

❖ 玛雅石板

◆ 月亮金字塔

玛雅人的历法也是闻名于世的，在那个时代他们就懂得把一年划分为 18 个月，每月有 20 天，年终还有 5 日为"禁忌日"，合起来正好是 365 天。他们推算的一年为 365.2420 天，与现在科学计算的 365.2422 天相差甚微。更令人称奇的是玛雅人懂得把天文、历史和建筑巧妙地结合起来，他们修建神庙所用的时间通常是 5 年或 10 年，还在建筑上标明落成时间。有闰年的时候怎么办？那就在建成的建筑旁再建一座。比如在科潘古城遗址中就发现了一道石阶，上面用象形文字做装饰，装饰图案各重复 15 次，代表了 15 个闰年；75 阶石阶代表了 75 个闰日。在墨西哥有一个叫"库库尔坎"的金字塔，它的台阶总和为 365 阶，代表了一年是 365 天。在台阶的两侧各雕刻有一个蛇头，每到春分日和秋分日太阳西下时，就会在对面墙上神奇地映射出一条巨蟒，随着太阳西下，巨蟒仿佛向下爬行。

玛雅人除了先进精确的数学和历法知识之外，对天文知识也很精通。他们在那个时代就已经掌握了月亮和金星的运行情况，他们能推算出准确的日食出现时间。我们用现代科学测算的金星历一年是 584.92 天，玛雅人测算的是 584 天，同样惊人的相似。

◆ 玛雅人的陶器

让现代科学家不解的是，玛雅人是从哪里学到的精深知识？他们在生产劳动中能准确地推算出季节和年度中雨水最多的时间，这样可以确定播种和收割的具体时间。玛雅人使用的计数法是 20 进位法，据考证，他们是最先使用"0"计数的民族，这比中国和欧洲都要早上千年。

在一些民族还处于原始社会的时候，玛雅人就拥有了如此辉煌的文明，人们不禁发问：玛雅人的文明是从何而来的？考古界经过大量研究发现，玛雅人在拥有高度文明之前，一度过着穴居生活，他们以渔猎为生，处于原始的生活方式。当他们突然过渡到农耕社会之后，他们的文明成果怎么积累得这样快呢？有人认为玛雅人不是美洲土著的祖先，因为两者之间的文化没有过渡阶段，那玛雅文化又是怎么突然出现，又怎么在一夕之间消失的呢？这一直是困扰着考古界的难题。

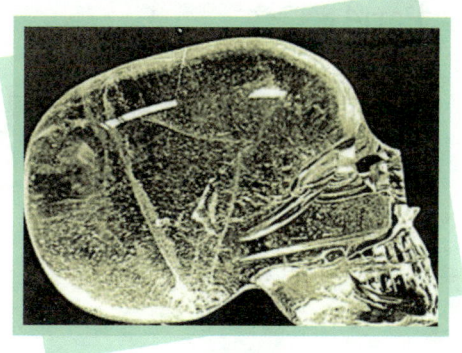

❖ 水晶头盖骨

❖ 玛雅金字塔

第四章 人类文明进程之谜

世界未解之谜

Part4 第四章
亚历山大灯塔的秘密

人们熟悉长城,熟悉金字塔,但你知道被列为世界八大奇迹之一的亚历山大灯塔吗?历史书籍上对它的描述向来不缺赞美之词,但这个伟大的建筑是谁建造,建于什么时候呢?这还是一个未解之谜。

建造灯塔

亚历山大大帝于公元前 330 年率军攻占了埃及,并下令在尼罗河三角洲西北,紧邻地中海南岸的地方建造了一座新的城市,城市建成后还以他的名字命名。公元前 323 年,亚历山大突然去世,他的部将托勒密占据埃及称王,并将亚历山大城定为国都,托勒密家族开始了对埃及长期的统治。之后的 100 年里,亚历山大城一度成为世界上最繁华的都市。关于亚历山大灯塔的建造还有一个故事。公元前 280 年的秋天,一艘埃及皇家船从欧洲驶进亚历山大港。船上乘坐的是埃及皇室的成员,他们这次迎娶的是欧洲皇室的新娘。当时海面上漆黑一片,伸手不见五指,驾驶员由于看不见海面上的情况,结果触礁沉没了,全船的人没有一人生还。这起悲剧事件震惊了埃及和欧洲的皇室,为了避免悲剧再次发生,埃及皇室决定建一座灯塔为船只引航。托勒密二世于是下令在亚历山大港口入口处修建一座大型灯塔。这座灯塔的设计师为当时著名的建筑师索斯

❖ 亚历山大灯塔

特拉特，在能工巧匠的共同努力下，经过 20 年的时间，一座宏伟的灯塔屹立在法罗斯岛东岸的礁石上，它就是闻名于世的"亚历山大灯塔"。

❖ 盖贝依城堡

这座灯塔有着显著的巴比伦风格，它的主体建筑主要以石灰石、花岗石、大理石等天然珍贵石材为原料。塔高 135 米，灯塔分三层，底层是四角柱，中间是八角柱，顶层由八根圆柱支撑，里面设计有螺旋通道可直达顶部，顶层有海神波塞冬的雕像。灯塔设计极为考究，在灯塔的第三层有一面巨大的镜子，这面镜子白天能反射阳光，晚上在三层点燃巨大的火盆，明亮的光芒就能通过镜子反射出去，海面上几十千米外的船只都能看到亮光。传说身在三层的人能通过这面神秘的镜子看到远处的船只，是否真的如此也无证可考，现在只能算是一个历史之谜了。

灯塔损毁

亚历山大灯塔无疑是那个时代建筑史上的奇迹，所以人们把无数赞美之词都赋予了它，比如"亚历山大城的王冠""亚历山大城的忠诚卫士"。可是公元 14 世纪，这里发生了一起特大地震，许多建筑毁于这次地震，亚历山大灯塔也没能幸免，在剧烈的晃动中，亚历山大灯塔轰然倒塌，它那雄伟的身姿只留在历史记忆的长河里。

长时间以来，因为缺少灯塔实物的佐证，所以人们一直都在怀疑这个建筑的真实性。因为凭借 2000 多年前的技术，是难以完成如此浩大的工程的。历史上关于这个灯塔的传闻是不是只是个美丽的传说呢？

❖ 亚历山大灯塔复原效果图

世界未解之谜

1994年，一个意外的发现让人们重新审视这个古老的传说。一支考察队在灯塔遗址附近施工时，发现了古代石料船留下的痕迹，联想到灯塔的传说，考察队又进行了深入的挖掘。他们经过长时间的考察，终于在水下发现了一段亚历山大灯塔的塔身遗迹。这个残留的部分有36米长，虽然残缺不全，但上面大量精美的装饰依然让人们惊叹不已。

如今的盖贝依城堡就建在亚历山大灯塔的原址上

亚历山大灯塔的英姿终于展现在人们的面前，就在人们确定了灯塔真实存在的时候，新的问题又来了。在这次打捞过程中，人们在海底发现了早于托勒密二世更久远的文物——古埃及时期建造的方尖塔。方尖塔是公元前3000年多前的遗迹，象征着太阳神。塔的下方镌刻着塞提一世的名号和他统治时守护神的形象。为什么大量公元前3000年前的古老遗物会出现在灯塔周围？灯塔的具体建造时间会不会有出入？

于是人们又提出新的假说，认为灯塔是在古埃及时就已经建造好的。也有人说托勒密占据埃及后，征用了古埃及时期神庙上的石材。事情一时间又变得扑朔迷离，让人琢磨不透……

盖尔依城堡

Part4 第四章

古印度——消失的文明

第四章 人类文明进程之谜

说起古印度，很多人都会以为它是现在印度文明的前身，事实上，它们是两个截然不同的文明代表，在现在印度的身上丝毫看不到古印度文明的痕迹。

经过几千年的风云变幻，古印度文明已经深深地埋藏于地下，成为后继者们不断探求的未解之谜。

知识小链接

古印度文明起源于公元前2500～公元前1700年之间，是地球上屈指可数的几个文明之一。由于不可抗拒的各种原因，它同样被埋藏于地下，成了千年也没能解开的谜。直到现在，它丰富的文化和神秘的宗教依然吸引无数考古学家蜂拥而至。

多年来，考古学家在对古印度文明的象征进行考证时，一直苦苦纠结于一个问题，就是古印度文明到底开始于何时又结束于何时呢？

比较权威的解释是来自《大英百科全书》中的英国考古学家M.威勒爵士的观点，他认为公元前2500～公元前1700年是古印度文明时期，当然大部分人也认可这一观点。

摩亨佐·达罗城就坐落于今天的印度河岸。印度河河床因为泥沙的沉积明显被抬高了许多，考古人员只能根据现有条件对河水平面以上的文物进行挖掘，明知道里面会有更多的遗迹也只能暂时放弃。现在所说的文明起源时间，也只是基于现有的文物所做的判断。

但就目前挖掘出的这些文物，也足足将古印度文明

❖ 古印度卡久拉霍神庙

世界未解之谜

向前推进了好几千年。

　　巴基斯坦和法国考古学家组成的联合发掘队曾在1974～1980年的7年里，在麦赫尔迦尔地区，即距今天的印度河西岸的摩亨佐·达罗仅190多千米处，挖掘出一系列农业文化遗址。显然这里的手工业已经相当发达，人们开始使用铜制工具来进行生产。按照他们当时的生产能力，每年会生产出成百上千的黏土容器和数以百万计的小珠子，这些物质不仅满足了自身，还被输送到整个印度河流域，在现出土的遗址里，典型代表有伊朗绿松石和阿拉伯海湾贝壳。

　　不过最令专家感兴趣的还是风格遗留至今日的印度河流域民居的建筑方式——砖修葺成的规整的、永久性的房子，并且这里已经开始种植棉花。

　　科特·迪吉位于摩亨佐·达罗隔河的对面，这里砖房的建筑风格跟现代很相似。起初居民是为了防止洪水的侵入才用石块在村子周围筑墙，慢慢地就沿墙建起了砖房。通过对这些遗址的分析，专家得出它们存在于公元前5000～公元前2600年。可这些遗址所代表的文化与印度河流域文明之间到底存在什么样的承袭关系呢？

❖ 古印度金币

❖ 古印度寺庙遗址

❖ 古印度佛教造像

这正是专家们急需解决的难题。如果它们彼此真的存在承袭关系，出土遗址的发展水平代表的是典型的农业文明，而古印度代表的却是典型的城市文明，区别是如此之大，所以不可能是承袭！可如果没有关系，那两者的文明在日常生活中为何有如此多的相同之处呢？

经专家考古研究发现，以上所提到的遗迹及与此相关的发现统统属于早期哈拉帕文化。至于是否应该将两者归于一个体系，或许真的只有历史知道。

像所有的文明一样，印度河流域文明也是由一个点向四周发展的过程，从西向东是它的发展趋势，不过向南发展的迹象也有。恰是由于这种迹象的存在，专家们所持的该文明下限时间观点受到了挑战。

古代港口罗塔尔是印度河流域文明最南端的遗址之一，它是被发现得比较晚的，在时间上来看，应该是延续最晚的一个文明遗迹了。但经过专家对古代港口罗塔尔出土文物的反复考证，发现它的存在时间很可能要延续到公元前 1000 年左右，比权威的观点足足晚了 700 年！

❖ 古印度清真寺

一种文明在世界文明史中的地位为何难以确定，或许跟时间上的数千年、数百年的差异脱不了干系。所以，对于印度河流域文明，我们只能说它是人类历史上最早的文明之一。精准的时间确定，还希望后来者能给人类一个答案，让消失的文明，让那些蒙了很多面纱的神秘再次呈现在人类面前。

第四章 人类文明进程之谜

世界未解之谜

Part4 第四章

日本妄图吞并朝鲜之谜

1910年,朝鲜被日本彻底吞并,李氏家族也结束了自朝鲜独立以来封建统治者的身份,李熙作为最后一位君王被迫宣告退位。

1880年,日本开始在汉城设立公使馆,并以此为据点,进行秘密活动,煽动朝鲜政府反对派,干涉朝鲜内政。当时朝鲜统治阶层分为两大派别,国王的亲生父亲大院君代表派和王妃闵妃代表派,闵妃集团当时独揽大权。

1882年7月,士兵起义在汉城发生,起义者攻入王宫并火烧日本领事馆。当时清政府应闵妃集团的请求对起义进行镇压,并扣留了趁机夺权的大院君,扶植闵妃重新执政。日本政府借机以保护公使为名派兵驻军朝鲜,并扩大了开港范围,从此对朝鲜经济的掠夺更加肆无忌惮,对朝鲜内政的干涉越来越无理。

1884年12月4日,被日本利用蛊惑的"开化派"发动政变,他们杀死守旧派官吏,宣布建立新政府,欲断绝与宗

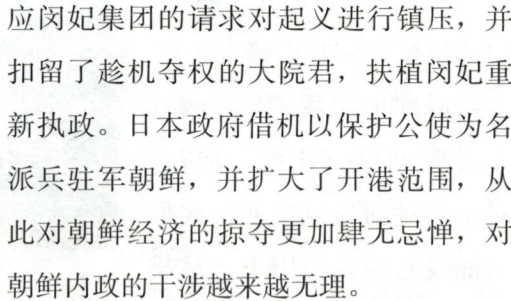

知识小链接

日本自明治维新之后国力大增,于是便把矛头指向朝鲜。这次他们在外交、政治、经济方便做足了功夫,不再像以前只是单纯地使用武力。满清政府的腐败没落,执政者的懦弱无能成了日本进攻的绝佳武器,最终他们吞并了朝鲜。

◆ 明治天皇

李熙

主国清政府的关系。但仅仅两天,清政府便瓦解了此次政变,帮助闵妃集团重新掌权。这便是有名的"甲申事变"。日本正好以此事为借口,再次逼迫朝鲜签订了《汉城条约》,并派伊藤博文为特命大使与清政府交涉,取得了向朝鲜扩张的"合法"权利。

所谓"开化派",是当时朝鲜统治阶层一个要求改革的集团,他们反对清政府驻军干涉朝鲜内政,主张向日本学习,走维新之路,幻想靠日本的帮助实现民族独立。但从后来的结果来看,日本给予的只是利用,日本在这些人中培养了一大批的奸细和叛徒,企图建立一个傀儡朝鲜政权。

1894年,"东学党"起义爆发,起义遍及朝鲜南部,这次起义不仅反对朝鲜封建王朝统治,也反对外国侵略。清政府应朝鲜政府的请求出兵朝鲜,日本也趁机出兵,进而袭击清军,"甲午战争"因此爆发。1895年4月17日,《马关条约》由李鸿章在日本马关签订,第一条就是放弃朝鲜的宗主权,承认朝鲜"完全独立"。朝鲜政府本来想依靠清政府来对抗日本侵略,维护自己领土的独立和完整,却不曾想这个愿望最终落空。

《马关条约》签订后,执政的闵妃集团看到三国(俄国、法国、德国)并迫使日本归还中国辽东半岛的事实,决定依靠俄国的力量来与日本对抗,却不想俄国对朝鲜早有企图。俄国支持闵妃集团政变,帮忙赶走了朝鲜政府里的亲日派官员。恼羞成怒的日本于1895

闵妃

年10月8日,派军队冲进王宫,将闵妃乱刀砍死,并组织亲日派政府。1896年2月10日,心中充满万腔怒火的朝鲜在俄国武装势力的支持下,将亲日政府赶下台。但接着俄国在日俄战争中战败,俄国在朝鲜的势力被日本赶走。

1910年,日本彻底吞并朝鲜,并在朝鲜设立总督,朝鲜封建王朝的最后一位统治者李熙退位。

1919年,李熙离奇死亡,全国的反日浪潮由此掀开,一浪高过一浪。关于李熙的死因,却说法不一,其中比较普遍的说法是死于中毒。但谁下的毒,受谁的指使,恐怕没有人能说得清了。

❖ 1907年的高宗——李熙

❖ 朝鲜